JN252044

道徳科で育む
21世紀型道徳力

田沼茂紀

著

北樹出版

はしがき

　今、わが国の道徳教育が大きく転換しようとしている。

　平成27（2015）年3月27日、文部科学省は中央教育審議会答申「道徳に係る教育課程の改善等について」を受けて学習指導要領を一部改正して告示した。そこで改正された大きな変更点は、従来の道徳の時間を「特別の教科　道徳」として義務教育学校の教育課程に位置付けることであった。「特別の教科　道徳」、つまり道徳科は、小学校および特別支援学校小学部については平成30（2018）年度より、中学校および特別支援学校中学部については平成31（2019）年度より全面実施されることとなった。今般の道徳教育改革は、昭和33（1958）年の「道徳の時間」特設以来の戦後道徳教育の抜本的構造転換でもある。果たして、これからのわが国の道徳教育はどのように進んで行くのであろうか。そして、道徳の時間が「道徳科」になると、道徳授業は一変するのであろうか。それとも道徳授業の不易な部分は変わらずに引き継がれるのであろうか。何が変わって、何が変わらないのか、大いに気になるところである。本書では、そんな具体的な道徳授業実践にまで言及するが、その前提となる道徳教育の本質や道徳授業を支える道徳科教育理論についてもしっかりと概観しておきたい。

　さて、本論に入る前にわが国の道徳教育の教育的意義について少し言及しておきたい。ここでは、著者の道徳教育研究に多大な影響を及ぼした敬愛して止まない先輩研究者からの問い掛けを手掛かりに省察してみたい。

　まず、最初に挙げたい先達は竹ノ内一郎先生（1914〜2004年）である。竹ノ内先生は、一教育実践家の立場からわが国の道徳教育振興に尽力された実践的道徳授業理論提唱者である。その先生の名言に、「道徳教育の究極のねらいは、実践できる道徳人を育てることである」という一文がある。まさに道徳教育、道徳授業の本質を射貫く言葉であろう。実践できてこその道徳教育である。

　同様の主張を事ある毎に聞かせていただいている先達に、行安 茂 先生（1931年〜）がおられる。先生は、ご自身が体験された血肉化した修身科教育の成果として「義ヲ見テ爲（セ）ザルハ勇ナキナリ」（国民学校5年時に修身科

で学んだ格言）の例を挙げておられる。戦後間もない岡山の山間道で、戦時中は鬼畜米英と怖れられていた進駐軍夫妻が事故で呆然としている現場に当時旧制中学３年生であった行安先生が遭遇する。助けを求める進駐軍夫妻を前に恐ろしくて逃げ去ろうかと迷った時に「助けよう」と決心させたのは、先の格言「義ヲ見テ爲ザルハ勇ナキナリ」であったと回顧するのである。その後ろ姿を仰ぐ度、道徳教育は教室での学びを跳び越え、個人の未来へと続く日常的道徳生活にこそ敷衍されなくてはならないものであることを改めて思うのである。

　３人目の先達は著者が大学院生時代に指導を仰いだ恩師、押谷慶昭先生（1930〜2015年）である。不肖の弟子であった著者が大学院を修了する際、恩師より色紙を頂戴した。そこには、元内務官僚で詩人・社会運動家でもあった安積得也氏の詩集『一人のために』に所収されている「明日」という作品が揮毫されていた。「はきだめにえんど豆咲き、泥池から蓮の花が育つ。人皆に美しき種子あり、明日は何が咲くか」という短い１節である。道徳教育で目指す人間としてのより善い生き方への自覚は、人間とは何かという素朴な疑問、人間についての深い慈しみと洞察から生ずる「問い」なしには始まらないものである。限りない無限の可能性を秘めた種子（seed）を見出し、有意味性をもたせつつ育むこと、道徳教育ではこれが全てであると理解した次第である。

　翻って、戦前の修身科停止から一時の道徳空白時代を経て「道徳の時間」が特設され、さらに半世紀余を経て「特別の教科　道徳」つまり道徳科が産声を上げた。この一連の歴史的経緯を辿る時、私達はこれからの道徳教育をどう考えていけばよいのであろうか。結論は極めて明確であると確信している。

　つまり、道徳教育あるいは道徳授業という器はその時々で呼称等が異なっても、「他者と共により善く生きる」という道徳教育の本質は変わらないのである。もし変わるものがあるとするなら、それはその時代が求める人格形成の目指すべき方向性についての目標設定とその方法論である。例えそれらが変化しても、道徳教育本来の目的や道徳的価値が変わるわけではない。それをしっかりと心に刻み、新しい時代が求める道徳教育、新しい時代にふさわしい道徳科の在り方を模索していきたいものである。本書のコンセプトは、そこにある。

平成28（2016）年新春　田 沼 茂 紀

目　次

はしがき

第2部　道徳教育の理論編

第1部　道徳科の理論編

第 **1** 章

「道徳科」についての理解を深めよう

1　道徳科で目指すのは道徳性である

　平成27（2015）年4月、移行準備期間ではあるが、小・中学校の道徳科が新たな歴史の頁を刻み始めた。小学校では平成30（2018）年より、中学校ではその翌年より全面実施というロードマップは既に現実のものとなっている。

　この本格始動した「道徳科」。「特別の教科」という但し書きはつくものの、教科教育としての一翼を担いながら、これからの時代を生きる子供達にどのような力を育んでいこうとしているのであろうか。まずは、ここから始めたい。

（1）子供に培う資質・能力としての「道徳力」

　本書のタイトルとなっている「21世紀型道徳力」、この部分から語っていきたい。公にされた事実のみで説明するなら、「述べていきたい」と記すのであるが、ここでは「語る」と敢えて記している。その理由を述べながら、語るべき用語としての「21世紀型道徳力」を定義していきたい。

　まず、「21世紀型」という部分についてであるが、今世紀も早15年が経過し、改めて新世紀といった印象は薄れている。しかし、これまでの時系列的な歴史的事実の捉え方と、これから今世紀中に予測される事柄は多分比較の対象にならないくらい急激な社会変化が待ち受けているであろうことは間違いない。急速に拡大しつつあるグローバル化の波は、歓迎されるべき事柄も、懸念されるべき事柄も一緒くたになって津波のように押し寄せ、私達の明日の時代を一呑みにしていくであろう。その時、その場に遭遇する私達はどう立ち振る舞うのであろうか。戸惑いながら、その社会状況の変化をただ受動的に受け入れて生き延びていくのであろうか。それとも、その社会状況の変化について情報収集しつつ主体的かつ的確に思考・判断しながら新たな自分の世界を切り拓いてい

くのか、二者択一を迫られる日も、そう遠くはないであろう。「21世紀型」とは、そのようなこれまでの経験則では捉えきれない時代の変化に対応するためのフレーム（枠組み）を意味すると考えていきたい。

　次に、そのフレームに収まる「道徳力」について定義していきたい。道徳力とは、単なる道徳的知識やスキルに留まらず、それらをどう思考・判断・表現して実践的に活用していくのか、さらには身近な社会だけでなく広い世界と関わりながら自らの人生をより善く生きていくために求められる資質・能力とは何かといった「生きて働く力」を意味している。

　これからの時代を生きる子供達には、ただ道徳的な知識やスキルといった「基礎力」のみならず、それを有効に活用するために必要とされる思考力・判断力・表現力の総称としての「思考力」、さらには多面的・多角的な視点から自らの世界を拡げつつ社会と関わりながらより善い人生を送るために求められる人間性を基盤とした「実践力」を駆使し、生きる喜びを全身に感じ取りながら主体的に逞しく生き抜いていけるようなトータルな人間力としての道徳性を育んでほしいという願いを込め、本書では敢えて「道徳力」という用語を用いている。

図1-1　21世紀型道徳力のイメージ

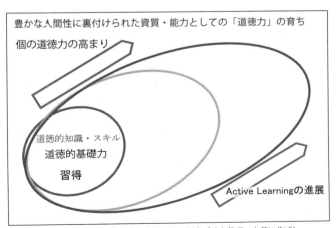

（2015年8月中教審教育課程企画特別部会「論点整理」を基に作成）

（2）資質・能力としての「道徳力」を構成する道徳性

　学校の教育課程に「道徳科」が「特別の教科　道徳」として新たに創設されるようになったのは、平成26（2014）年10月に中央教育審議会が「道徳に係る教育課程の改善等について」と題する答申を示したことに起因する。

　その答申では、教育基本法に示された教育の目的が「人格の完成」を目指すものであること、その人格の基盤となるのが「道徳性（morality）」であり、その道徳性を育てることが道徳教育の使命であり、道徳教育の「要（かなめ）」の時間が道徳科の役割であると述べられている。そして、その基となる考え方として同答申の前提となった「道徳教育の充実に関する懇談会」報告（平成25（2013）年12月）の1節、道徳教育は「自立した一人の人間として人生を他者とともによりよく生きる人格を形成することを目指すもの」という理念を再度引用している。

　これらの答申内容を整理して示すと、以下のような道徳科の目的が見えてくる。その基底にあるのは、道徳教育・道徳科は人が生涯を通じて追求すべき人格形成の根幹に関わるものであり、民主的な国家・社会を持続的に発展させ得るために必要な道徳性を培っていくことを目指すという基本的な立場である。

**　道徳教育・道徳科の目的**

①人間尊重の精神と生命に対する畏敬の念（畏れ敬う気持ち）がもてるようにする。

②一人一人の人格が尊重される健全な社会を形成する上で求められるルールやマナー（道徳的習慣）、規範意識（道徳的慣習）を育むようにする。

③一人の人間として豊かな人生を送る上で求められる道徳的諸価値について理解する。

④一人一人が高い倫理観をもち、自らのよりよい在り方や生き方を思考することができるようにする。

⑤変化の激しい現代社会にあって、一人一人の幸福と社会の発展を調和的に実現しようとすることができる個としての資質・能力の育成を図る。

　ここで言う「道徳性」について、一部改正小・中学校学習指導要領解説「特別の教科　道徳編」を手掛かりに道徳性の諸様相を図で示すと、次のようになる。

図1-2　道徳性の構造とその諸様相

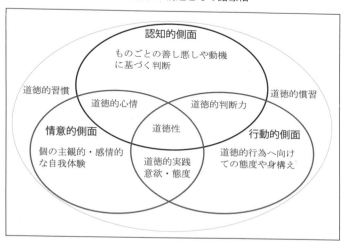

　道徳性とは一口で言えば、人間として「善くありたい」、「よりよく生きたい」と願い、実践しようとする人間性に基づく人格的特性である。この人格的特性は人間についての深い理解なしに実現するものではないし、よりよく生きようとする自らを深く見つめるところから出発する人間の在り方、生き方という個としての生き様そのものを象徴的に意味するものである。

　この道徳性は、図１-２で示したような物事の理解・判断といった認知的側面、個の内面的な感情やそれにつながる心の一連の気持ちの動きといった情意的側面、個としてよしとする行動や態度を取ろうとする行動的側面といった個の内面に派生する諸様相の総体を「道徳性」と総称したもので、個々の行動は各側面が緊密に絡み合って構成されるもので、３側面に明確な区分がなされるような性格のものではない。ただ、道徳性という諸様相をイメージ的に説明するとこのように区分されるといった理解をしてほしい。

道徳性を構成する諸様相の特質[1]

道徳性⇒人間としてよりよく生きようとする人格的特性であり、道徳性を構成
する諸様相としての道徳的判断力、道徳的心情、道徳的実践意欲と態
度で説明される。

道徳的判断力⇒日常的なそれぞれの場面において善悪を判断する能力である。
様々な状況下において人間としてどのように対処することが望
ましいのかを判断する力でもある。

道徳的心情　⇒道徳的価値の大切さを感じ取り、善を行うことを喜び、悪を憎
む感情のことである。人間としてのよりよい生き方や善を志向
する感情でもある。

道徳的実践意欲と態度
⇒道徳的判断力や道徳的心情によって価値があるとされた行動を
取ろうとする傾向性を意味する。道徳的実践意欲は、道徳的判
断力や道徳的心情を基盤とし、道徳的価値を実現しようとする
意思の働きである。道徳的態度は、それらに裏付けられた具体
的な道徳的行為への身構えである。

2　道徳科はよりよく生きようとする実践人の育成である

　小・中学校学習指導要領に示された学校教育における道徳教育の目標は、
「第1章　総則」の「第1　教育課程編成の一般方針」2に述べられている。

　そこには、「道徳教育は、教育基本法及び学校教育法に定められた教育の根
本精神に基づき、人間としての生き方を考え、主体的な判断の下に行動し、自
立した人間として他者と共によりよく生きるための基盤となる道徳性を養うこ
とを目標とする」と明記されている。

（1）道徳教育では他者と共によりよく生きることを学ぶ

　道徳教育の目標は、わが国の学校教育の基本となる法律である教育基本法の精神とその目的を同じくする。つまり、子供一人一人が自立した人間としての自分について考え、同様に生きる他者とよりよく生きる上で求められる道徳性を身に付けることを目指すのである。よって、「一個の人間として尊重されて生きてこその学校教育であり、一個の人間として他者とよりよく生きてこその道徳教育」なのである。

　もちろん、学校教育は全て道徳教育のためにあるのではない。過去から連綿と引き継いできた人類の叡智や文化、それらを伝達するのが学校教育の根幹的な役割であることを前提とするなら、人間の在り方や生き方を問い、個々の道徳的価値観形成を促進するのを他の教育活動に求めるのは妥当ではない。しかし、生きてこそ意味をもつ学問、生きてこそ役立つ学問という視点に立つなら、学校教育での全ての営みは道徳教育そのものなのである。これら学校教育全体を通じて行われる様々な教育活動は、その特質に応じて道徳教育を行っている事実を踏まえ、そこでの道徳教育を束ねる「要（かなめ）」として役割を果たす教育活動がやはり必要となってくる。これこそが、「特別の教科　道徳」として教科教育に位置付けられた「道徳科」の時間である。

　学校教育の目的そのものが教育基本法第1条「教育の目的」にもある通り、教育は人格の完成を目指して行われものであるからである。この「教育の目的」を具現化するために学校教育全体を通じて行う道徳教育の中でその主軸となる道徳科教育はどのような目標に向かって人を育てるか、どのような道徳的資質・能力を

図1-3　学校における道徳教育の構造

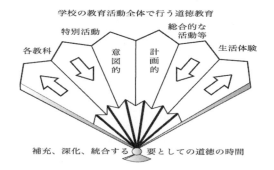

もった人を育てるのかがその次なる道徳科の具体的目標となって求められているのである。

　学校における全教育活動を通じて展開される道徳教育を束ねる役割こそが道徳科であり、その道徳科授業で培う資質・能力こそが図1-1で示した21世紀型道徳力ということになる。

（2）道徳科では道徳性を計画的・発展的に高める

　道徳科授業では道徳性を培うことで、その先にある「生きて働く力」としての資質・能力を育成するものであることを述べた。ならば、道徳科授業では、それをどのように展開するのか、ここでは各教科等と密接な関連をもちながら、計画的・発展的な指導によって「補充し、深化し、統合・発展する道徳科授業」について説明しておきたい。

　この「補充・深化・統合」という用語は、道徳性形成の流れと重ね併せながら道徳授業の特質を語る重要な用語として長い間学校教育現場において使用されてきたが、一部改正学習指導要領では表現が改められた。

　この「補充・深化・統合」という用語と同義の事柄は、現行小・中学校学習指導要領解説編（平成27年7月）でも、次のようにきちんと説明されている。

> 　道徳科は、各教科、総合的な学習の時間及び特別活動など学校の教育活動全体を通じて行われる道徳教育の要としての役割を担っている。すなわち、各教科等で行う道徳教育としては取り扱う機会が十分でない内容項目に関わる指導を補うことや、児童（＊生徒）や学校の実態等を踏まえて指導をより深めること、内容項目の相互の関連を捉え直したり発展させたりするなどの役割を担っているのである。[2]

　ここで説明されていること、つまり「補充・深化・統合」とは、道徳科授業における子供の道徳的学びの深まり過程を表している。

　例えば、子供達は学校も含めた日常生活の中で様々な道徳的体験、道徳的学びの機会に遭遇するが、それは無意図的であり、偶発的な機会である。よって、それだけでは道徳的諸価値について深く理解したり、人間としての自己の生き

方について考えを深めたりするまでは至りにくい。そこで子供達は、道徳科授業で教材によって第三者の道徳的追体験をしながら一貫性の不足する日常的道徳体験を補充するのである。そして、共通の道徳的追体験によって語り合い、互いに考えを深め合いながら道徳的問題を掘り下げ、道徳的諸価値に照らして自らの道徳的ものの見方、感じ方、考え方を深化させ、そこで主体的に導き出したものを個の内面で調和的に統合して意味付け、感得することで道徳的価値観形成を図るのである。

（3）道徳的実践化のための「補充・深化・統合」プロセス

道徳教育は画餅ではない。ましてや、道徳教育の要としての役割を果たす道徳科授業では、ただ道徳性を高めればそれでよいのであろうか。「はしがき」でも触れたが、「道徳教育の究極のねらいは、実践できる道徳人を育てることである」ことに尽きるのである。

よって、道徳科では道徳科以外における道徳教育と密接な関連を図りながら、計画的、発展的な指導によってこれを補ったり、深めたり、相互の関連を考えて発展させ、統合させたりすることで、道徳的諸価値についての理解を基に、自己を見つめ、物事を多面的・多角的に考え、自己の生き方についての考えを深める学習を通して、道徳性を養うことを目指しているのである。

この計画的、発展的な指導で「補充・深化・統合」されて高まった道徳性は、その後どのように発揮されるのであろうか。

図1-1で示したように、道徳性を深めるためのプロセスを意図的、計画的に実施することで、善悪について理解し、善なる生き方を志向し、それを実践によって実現しようとする意思力やそれを可能にする内面的資質・能力としての実践力をバランスよく子供の内面に培うことができるのである。

（4）道徳的学びを道徳的行為へと導く実践力

従前の小・中学校学習指導要領では、「道徳の時間の目標」の中に「道徳的実践力を育成する」と明記されていた。ただ、道徳教育は道徳性を養うものであると「第1章　総則」の「第1　教育課程編成の一般方針」の2に掲げられ

ていることもあり、道徳性は即ち道徳的実践力を包括するものであるという立場から用語が整理された。しかし、道徳科授業で培う力をイメージする時、やはり教育用語として多年用いられ、学校現場で定着している「道徳的実践力」という捉え方は必要であろう。

　「道徳的実践力」が道徳性に包括された理由は、従前の学習指導要領解説「道徳編」での説明が限定的であったことが挙げられている。従前の解説では、道徳的実践力の構成要素が道徳的心情、道徳的判断力、道徳的実践意欲と態度だけであり、道徳授業では内面的資質の涵養に限定されているという自縛的なイメージを学校教育の場に蔓延させてしまっていた。事実、道徳研修会等では「道徳授業で育成するのは内面的資質としての道徳的実践力であり、道徳的行為や道徳的習慣といった具体的な資質・能力にまで言及すべきではない」と語られてきたものである。しかし、改正小・中学校学習指導要領「第3章　特別の教科　道徳」第3「指導計画の作成と内容の取扱い」2の（5）では、「指導のねらいに即して、問題解決的な学習、道徳的行為に関する体験的な学習等を適切に取り入れるなど、指導方法を工夫すること」と述べられたことから、これまでの概念との間に離齬が生じ、道徳的実践力は道徳的行為を性急に求めると誤解を招く理由で用語は削除された。この点を中教審委員であった柳沼良太（2015年）は、これまで「道徳授業では内面的な道徳的実践力までを養い、学校の教育活動全体で行う道徳教育では道徳性を育成すればよいという分業制があったのである。それゆえ、従来の道徳授業は、道徳的習慣や道徳的行為を含まない独特の『道徳的実践力』を育成することが目標であるため、指導に実効性が乏しいのは当然であった」[3]と述べている。学校教育の場で日々子供達と道徳授業を展開する教師はこの指摘を真摯に受け止め、実効性をイメージしつつもむやみに性急さのみを求めない授業改善を進めていく必要があるだろう。

　しかし、従前の学習指導要領で学校現場に定着してきた「道徳的実践力」という用語を概念規定が難解であるといった理由から削除したことについては、様々な異論が示されている。学校における道徳科授業は具体性の伴うものである以上、培うものが「道徳性」では漠然とし過ぎている。用語概念の変更についての説明は今後も必要にはなろうが、具体的に育む資質・能力をイメージし

やすい「道徳的実践力」はこれからも行政的な用語ではなく、道徳教育の専門用語（technical term）として残っていくに違いない。

　ただ、道徳科移行に伴って「道徳的実践力」が「道徳性」として説明されている点に関しては、今後の指導において肝に銘じておかなくてはならないことは繰り返すまでもない。

　　　　　旧学習指導要領で述べられてきた「道徳的実践力」の意味[4]

　道徳的実践力とは、人間としてよりよく生きていく力であり、一人一人の児童（＊中学校：生徒）が道徳的価値の自覚及び自己の生き方についての考えを深め（道徳的価値を自覚し、人間としての生き方について深く考え）、将来出会うであろう様々な場面、状況においても、道徳的価値を実現するための適切な行為を主体的に選択し、実践することができるような内面的資質を意味している。それは、主として、道徳的心情、道徳的判断力、道徳的実践意欲と態度（＊註：今次改正では道徳的判断力と道徳的心情とを表記する順番が逆になっていた）を包括するものである。

　本来、道徳的実践は、内面的な道徳的実践力が基盤になければならない。道徳的実践力が育つことによって、より確かな道徳的実践ができるのであり、そのような道徳的実践を繰り返すことによって、道徳的実践力も強められるのである。道徳教育は、道徳的実践力と道徳的実践の指導が相互に響き合って、一人一人の道徳性高めていくものでなければならない。

　道徳教育や道徳科授業を通して培う道徳性は、即ち道徳的実践を可能にする道徳的実践力の育成である。この道徳的実践力が育つことによって、より確かな道徳的実践ができ、それを繰り返すことで、相互補完的に道徳的実践力も逆に強められるのである。

3　道徳科の目標と内容は人間としての生き方の基礎作り

　道徳科が目指すものは、学校の教育活動全体を通じて行う道徳教育の目標同様に、子供達一人一人が自らの人生を切り拓き、健やかで豊かな未来を創り上げていくことができる資質・能力としての道徳性である。ここに、各教科と同

様に教科教育に位置付けられながら、「特別の教科」と称される理由がある。

（1）道徳科で目指すのは価値自覚による「生きて働く力」の育成である

　道徳科は、学校の教育課程としては教科教育に位置付けられる。しかし、各教科と全く同じかと言えば、否である。道徳科には、「特別の教科」という但し書きが敢えて添えられている。各教科と「特別の教科　道徳」の違いは何なのであろうか。そもそも、「特別の」とは、どんなことを意味するのであろうか。

　端的にその差異を挙げるなら、それは授業で目指すべき目標の違いである。例えば、学校で時間割として組まれている各教科の授業をイメージしてほしい。その授業では、１時間の学びを通して身に付けるべき学習内容が明確に示されるのである。この具体的な到達目標としての「内容的学習目標」がなければ、それ以降の学習で子供はたちまち支障を来すのである。つまり、学問体系として構成されている各教科教育では、毎時間の授業を通して教科学習全体を構成するパーツとなる部分の学習内容を一つ一つ毎時間の授業で具体的に押さえていかなければならないのである。よって、内容習得の階段を確実に踏み上がらずに一足跳びで駆け上がろうとすると転げ落ちて教科目標へは到達できないのである。

　それに比べ、「特別の教科　道徳」＝道徳科は少し事情が異なる。道徳科で設定する目標は、人間としての望ましい在り方や生き方を追求するという限られた授業内では到底到達できないような個の道徳的価値自覚や道徳的価値観形成を目指すべき目標として掲げ、集団思考活動を通しながら子供それぞれの道徳的成長につながる学びを創出する「方向的目標設定」となるのである。つまり、毎時間の道徳授業を１時間完結型ではない、日々継続的に望ましい生き方を希求する一人一人の人生に収斂されるような意図をもった学習到達目標として設定するのである。ゆえに、各教科とは異なる「特別の教科」なのである。

　そして、その「特別の教科　道徳」で目指すのは、一人一人の子供がかけがえのない「尊在」として尊重され、主体的かつ多様的かつ協働的な学びに向かう人間性を発揮しながらより善く生き、よりよい幸福な人生を送るための力、つまり「道徳力」を個々の内面に形成していけるようにすることなのである。

（2）道徳科授業はスタートフリー・ゴールフリーである

　子供一人一人の「道徳力」を培う道徳科は、各教科と一線を画す目標設定であることを既に述べたが、その点についてもう少し補足しておきたい。

　例えば、教科教育であれば、新しい単元を導入する際には診断的評価等によって学習者である子供のレディネス（readiness：学習準備性）を確認する。系統的・体系的に構成された教科内容を習得させ、その教科固有の目標を達成させるためには、新たな学習に至る既習学習内容の理解が不可欠だからである。そこで、授業展開では既習学習内容に触れながら学習者の学びのためのスタートラインを揃え、各授業やその単元の終了時に全員が同一のゴールへ辿り着けるよう腐心しながら単元の学習指導を進めるのが一般的である。これは、教科教育では内容的目標設定であるがゆえに必須なことなのである。

　ところが、道徳科授業では少しその事情が異なってくる。道徳科授業で目指すのは、小・中学校学習指導要領「第3章　特別の教科　道徳」の「第2　内容」で示された道徳科で指導すべき内容項目として掲げられた道徳的諸価値を方向的学習目標の窓口としながら、個としての将来にわたる在り方や生き方について現時点での道徳的なものの見方、感じ方、考え方を駆使してメタ認知（自らを客観視して認識すること）させ、望ましいこれからの自分をイメージ化させていくことを主たる授業目的とするからである。

　そこでの教育的意図は、自分と同じように生きている他者とより善く生きるための道徳性を自らの内面に形成していくことである。そのためには、人間としての在り方や生き方について自分以外の多様な人々の道徳的なものの見方、感じ方、考え方に触れ、他者の視点（役割取得：roll taking）をもちながら自らの道徳的価値理解や自覚状況について再度問い直すというプロセスが必要となるのである。

　道徳科授業が展開される教室にあてはめるなら、その場に居合わせた級友達の道徳的発達実態はそれぞれに異なるが、共に協働思考し合うことで、道徳的諸価値を多面的・多角的に問い直す機会を得ていることを意味するのである。

　例えば、友情をテーマに掲げて授業を構想するような場合、その授業前の子

供一人一人の道徳的実態は実にバラバラなことであろう。A夫君にはA夫君の友情についての日常的道徳経験を踏まえた実態があったり、B子さんにはB子さんの道徳的体験の乏しさからくる実態があったり、C君にはC君の生育歴からくる友情についての高い意識実態があったりするのが普通である。つまり、学びを開始するためのレディネスから言えば、スタートフリーな状態である。しかし、道徳的学びを高める場としての道徳科授業でこの状況はさほど問題にはならない。例え授業の設定目標がその実態から逸れていたとしても、つまりスタート時点での道徳的なものの見方、感じ方、考え方が子供個々に違っていたとしても、その違いが共通に課題追求をするプロセスで自らの道徳的価値観を再吟味する契機となるからである。

　学習者の道徳的実態の差異は、「A夫君はどうしてあんな発言をしたのだろか」とか、「B子さんの考え方も一理ある」とか、「自分は思いもしなかったが、C君のような考え方も確かに成り立つ」といった、多様な価値観に触れる機会を生み出す。これこそが個の道徳的価値観を再吟味させ、より望ましい高次なものへと再構築させる絶好の学びの機会となるのである。

　結果的に、子供個々の道徳的価値観の差異はA夫君にはA夫君の道徳的価値観形成プロセスとして機能し、B子さんにはB子さんのスタイルでの道徳的価値観形成のプロセスとして機能する。もちろん、C君とて同様である。道徳科授業という協働思考の場がなかったら、A夫君はA夫君の道徳的成長が、B子さんはB子さん個別の道徳的成長が、C君はC君らしい道徳的学びによる成長が実現しにくいに違いない。言わば、道徳教材という共通の道徳的追体験を介在させることで個々の異なる道徳的価値観と出会わせる場を創出し、そこでの互いの道徳的なものの見方、感じ方、考え方をやり取りする協働思考活動プロセスを経ることで、個々の個性的な学びのスタイルでの納得がいくゴールに辿り着くのである。このような理由から、スタートフリーで始まった道徳科授業の行き着く先は、やはりゴールフリーとなるのである。要諦は、そこに至る学習プロセスとしての道徳科授業を創造することである。

4 道徳科で育成する目標としての資質・能力

「道徳の時間」から「道徳科」への移行改革する中で、いちばんの大きな変化は子供達に培う「道徳的学力」の中身である。道徳教育の目標は道徳性の育成であるから、「道徳的学力」と称すると違和感があるかもしれない。しかし、これからのますます変化の激しい時代の中で生き抜く力を育んでいくのであるから、やはり、教科教育において育む学力とは同一基軸であろう。

（1）道徳科の目標から資質・能力を捉える

小・中学校学習指導要領には、道徳科の目標が以下のように掲げられている。

> 「第3章 特別の教科 道徳」の「第1 目標」
> 　第1章総則の第1の2に示す道徳教育の目標に基づき、よりよく生きるための基盤となる道徳性を養うため、道徳的諸価値についての理解を基に、自己を見つめ、物事を（＊中学校：広い視野から）多面的・多角的に考え、自己の生き方（＊人間としての生き方）についての考えを深める学習を通して、道徳的な判断力、心情、実践意欲と態度を育てる。

この目標で述べられた文章を少し注視すると、幾つかの重要な語句が浮かんでくる。例えば、「理解を基に」とか、「自己を見つめ」、「多面的・多角的に考え」、「自己・人間としての生き方についての考えを深め」といったような部分である。これは、文部科学省内でこれからの時代に求められる「21世紀型能力観」に基づく新たな「生きる力」構想について検討を積み重ねてきたワーキング・グループ「育成すべき資質・能力を踏まえた教育目標・内容と評価の在り方に関する検討会」が取りまとめた論点整理案によるものである。

　この「21世紀型能力観」を前提に平成26（2014）年11月20日、文部科学大臣から中央教育審議会へ「初等中等教育における教育課程の基準等の在り方について」と題する諮問がなされた。そこでの次期学習指導要領改訂のポイントは、「内容理解から資質・能力形成」へという新たな学力観の提起、さらに、「知の創造」という視点での受動的学習者（Passive Learner）から能動的学習者（Active Learner）への転換という2点である。ただ、この2点については平成

27年3月の学習指導要領一部改正によって「道徳科」が誕生した際に、既にその基本方針は織り込み済みである。

　道徳科授業にアクティブ・ラーニング（能動的、創造的、協働的な学習）が積極的に導入されるようになると、従来ともすると陥りがちだった「道徳的価値内容習得型道徳授業（Contents Based Learning）から、「道徳的資質・能力形成型道徳科授業（Competency Based Learning）へと授業構想スタンスが大きく転換するようになる。同時に、それを実現するためには道徳授業の主人公ともてはやされながらも、教師主導の正しい答え探しを強いられる子供の受動的道徳授業の様相がアクティブ・ラーニングの導入によってその姿を大きく変えるのである。

（2）21世紀型能力観としての「道徳力」をイメージする

　図1-4「21世紀型能力観」に示された資質・能力を少し整理してみると以下のようになる。

図1-4　21世紀型能力観のイメージ

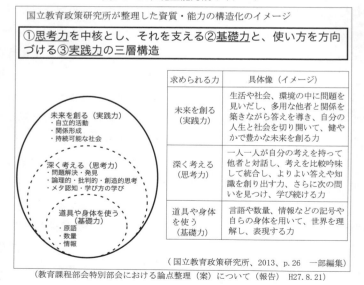

国立教育政策研究所が整理した資質・能力の構造化のイメージ

①思考力を中核とし、それを支える②基礎力と、使い方を方向づける③実践力の三層構造

未来を創る（実践力）
・自立的活動
・関係形成
・持続可能な社会

深く考える（思考力）
・問題解決・発見
・論理的・批判的・創造的思考
・メタ認知・学び方の学び

道具や身体を使う
（基礎力）
・原語
・数量
・情報

求められる力	具体像（イメージ）
未来を創る（実践力）	生活や社会、環境の中に問題を見いだし、多用な他者と関係を築きながら答えを導き、自分の人生と社会を切り開いて、健やかで豊かな未来を創る力
深く考える（思考力）	一人一人が自分の考えを持って他者と対話し、考えを比較吟味して統合し、よりよい答えや知識を創り出す力、さらに次の問いを見つけ、学び続ける力
道具や身体を使う（基礎力）	言語や数量、情報などの記号や自らの身体を用いて、世界を理解し、表現する力

（国立教育政策研究所、2013、p.26　一部編集）

（教育課程部会特別部会における論点整理（案）について（報告）　H27.8.21）

【基礎力・・言葉や数量、情報等の道具や身体を使う学びの前提となる力】

・言語スキル、数量スキル、情報スキル等

↓

【思考力・・新たな考えや知識を創出し次なる問いを発見して学び続ける力】

・問題解決・発見力・創造力、論理的・批判的思考力、メタ認知・適応的学習力等

↓

【実践力・・自分の人生を切り拓いて健やかで豊かな未来を創造する力】

・自律的活動力、人間関係形成力、社会参画力、持続可能な未来への責任等

このような「思考力」を中核とし、それ支える「基礎力」と、その力を方向付ける「実践力」という三層構造の21世紀型能力観を道徳科の目標と重ね合わせると、これから育成すべき「道徳力」は以下のように考えられるだろう。

道徳科の目標と育成すべき資質・能力

★総則の第1の2に示す道徳教育の目的に基づき、よりよく生きるための基盤となる道徳性を養うため、

　①道徳的諸価値についての理解を基に、（基礎力に基づく理解力）

　②自己を見つめ、（思考力の前提となる問題発見力）

　③物事を（広い視野から）多面的・多角的に考え、

　　（思考力〈思考・判断・表現〉としての推論、批判的思考）

　④自己の生き方（人間としての生き方）についての考えを深める学習を通して、（メタ認知、自己調整⇒実践力）

道徳的な判断力、心情、実践意欲と態度を育てる。（＊但し書き等は著者）

この21世紀型能力観で一貫しているのは、①「何を知っているかから、何ができるか（個別の知識・技能）」⇒②「知っていること・できることをどう使うか（思考力・判断力・表現力等）」⇒③「どのように社会や世界と関わり、よりよい人生を送るか（人間性や学びに向かう力等）」である。

このような能力観に基づく学びを創出するためには、主体的に学習に取り組む態度や学びに向かう力、自己の感情や行動をセルフ・コントロールする力、メタ認知的なものの見方・考え方、多様性を尊重する態度、他者と協働し合う

力や開かれた態度、優しさや思いやりといった人間性に関する特性等々がなくてはならず、これらの資質・能力こそ道徳科で道徳的諸価値の理解を通してその先にある学びとして子供達に培っていかなければならない力である。

（3）道徳の内容は善く生きるための共通の課題である

道徳科の内容は、小・中学校学習指導要領「第3章　特別の教科　道徳」の「第2　内容」に示されている。そして、同解説編には「『第2　内容』は、教師と児童が人間としてのよりよい生き方を求め、共に考え、共に語り合い、その実行に努めるための共通課題である」[5]と述べられている。

この文言がもつ意味はとても大きい。このような道徳科の内容的特質をどれだけ重視しつつ真摯に指導にあたれるかどうかで、「道徳力」としての道徳性を育成することを目指す道徳科授業の実効性が大きく左右されることになると考えるからである。

この「共通課題」としての捉え方は、教師一人一人の教職者としての姿勢を問われることそのものなのである。教職にある人は、教育内容をただ指導するために教師になったわけではない。眼前の子供一人一人の健やかな人格的成長に立ち会いたい、子供達と共に自らも成長したいという純粋な志で教職に就いたに違いない。それを教育課程の中で唯一実現できるのは道徳科授業である。それを度外視して各教科同様に内容的目標設定のように項目内容をただ教え込もうとするなら、とうてい教師と子供が互いに胸襟開いて語り合うといった本来的な道徳科授業には至らないだろう。週1回、年間35時間しかない道徳科授業、それぞれが胸襟開いて互いの望ましい生き方を語り合えるようなアクティブ・ラーニング（能動的・創造的・協働的）なものにしていきたいものである。

（4）道徳科の内容は4視点で系統的・発展的に構成されている

道徳科の内容は教科である以上、各教科同様に系統的・発展的に構成されている。

その内容構成は、4つの視点、つまり、「A　主として自分自身に関すること」、「B　主として他者との関わりに関すること」、「C　主として集団や社会

との関わりに関すること」、「D　主として生命や自然、崇高なものとの関わりに関すること」である。これらの内容項目の関連性や発展性、さらには眼前の子供達の道徳的実態、地域の道徳的状況や特性等々を勘案しながら、各学校の道徳教育全体計画や各学年年間指導計画を立案していくことが重要である。

この4つの視点は、学校教育の様々な場面で意図的かつ計画的な指導を実現するために設定されているものである。

小学校から中学校までの道徳科の内容構成は一貫性をもって発展的に構成されている。構成順序で示すなら、自分⇒自分と他者⇒自分と集団・社会⇒自分の生命や生かされている自然・人間の力を越える崇高なもの、と大きな括りとしての道徳的価値が大別されている。さらに、その中に下位道徳内容項目が短い文章で平易に述べられ、なおかつ項目の内容を端的に表すキーワードが示される構成となっている。

「A　主として自分自身に関すること」は、自己の在り方を自分自身との関わりにおいて捉え、望ましい自己形成を目指すための内容項目で構成されている。「B　主として人との関わりに関すること」は、自己と人との関わりにおいてその望ましい人間関係の構築を図る上で求められる内容項目で構成されている。また、「C　主として集団や社会との関わりに関すること」は、自己を身近な集団、社会集団、国家、国際社会との関わりにおいて捉え、国際社会の中の日本人としての自覚から、平和的で文化的な社会や国家の構成員として求められる内容項目で構成されている。そして4番目の「D　主として生命や自然、崇高なものとの関わりに関することは」は、自己を自他の生命や自然、美しいもの、気高いもの、崇高なものといった大いなるもの（Something Great）との関わりにおいて捉えながら、人間としての自覚を深める内容項目で構成されている。

大切なことは、それぞれを独立したものと捉えるのではなく、相互に関連性をもって自立した人間としての在り方や生き方に深く関わっている点を理解しておくことである。よって、道徳科授業では4つの視点が相互往還的に作用し合っているという気付きや自覚化を促せるような働きかけをしていく必要があろう。そうでなければ、毎時間の指導が単なる道徳的価値の輪切りに終始して

表1-1　学年発達段階を踏まえて構成された内容項目[6]

	小学校第1学年及び第2学年　(19)
A　主として自分自身に関すること	
善悪の判断、 自律、自由と責任	(1)よいこと悪いことの区別をし、よいと思うことを進んで行うこと。
正直、誠実	(2)うそをついたりごまかしたりしないで、素直に伸び伸びと生活すること。
節度、節制	(3)健康や安全に気を付け、物や金銭を大切にし、身の回りを整え、わがままをしないで、規則正しい生活をすること。
個性の伸長	(4)自分の特徴に気付くこと。
希望と勇気 努力と強い意志	(5)自分のやるべき勉強や仕事をしっかり行うこと
真理の探究	
B　主として人との関わりに関すること	
親切、思いやり	(6)身近にいる人に温かい心で接し、親切にすること。
感謝	(7)家族など日頃世話になっている人々に感謝すること。
礼儀	(8)気持ちのよい挨拶、言葉遣い、動作などに心掛けで、明るく接すること。
友情、信頼	(9)友達と仲よくし、助け合うこと。
相互理解、寛容	
C　主として集団や社会との関わりに関すること	
規則の尊重	(10)約束やきまりを守り、みんなが使う物を大切にすること。
公正、公平、社会正義	(11)自分の好き嫌いにとらわれないで接すること。
勤労、公共の精神	(12)働くことのよさを知り、みんなのために働くこと。
家族愛、家庭生活の充実	(13)父母、祖父母を敬愛し、進んで家の手伝いなどをして、家族の役にたつこと
よりよい学校生活、 集団生活の充実	(14)先生を敬愛し、学校の人々に親しんで、学級や学校の生活を楽しくすること。
伝統と文化の尊重、 国や郷土を愛する態度	(15)我が国や郷土の文化と生活に親しみ、愛着をもつこと。
国際理解、国際親善	(16)他国の人々や文化に親しむこと。
D　主として生命や自然、崇高なものとの関わりに関すること	
生命の尊さ	(17)生きることのすばらしさを知り、生命を大切にすること。
自然愛護	(18)身近な自然に親しみ、動植物に優しい心で接すること
感動、畏敬の念	(19)美しいものに触れ、すがすがしい心をもつこと。
よりよく生きる喜び	

小学校第3学年及び第4学年 (20)	
A　主として自分自身に関すること	
善悪の判断、 自律、自由と責任	（1）正しいと判断したことは、自信をもって行うこと。
正直、誠実	（2）過ちは素直に改め、正直に明るい心で生活すること。
節度、節制	（3）自分でできることは自分でやり、安全に気を付け、よく考えて行動し、節度ある生活をすること。
個性の伸長	（4）自分の特徴に気付き、長所を伸ばすこと。
希望と勇気 努力と強い意志	（5）自分でやろうと決めた目標に向って、強い意志をもち、粘り強くやり抜くこと。
真理の探究	
B　主として人との関わりに関すること	
親切、思いやり	（6）相手のことを思いやり、進んで親切にすること。
感謝	（7）家族など生活を支えてくれている人々や現在の生活を築いてくれた高齢者に、尊敬と感謝の気持ちをもって接すること。
礼儀	（8）礼儀の大切さを知り、誰に対しても真心をもって接すること。
友情、信頼	（9）友達と互いに理解し、信頼し、助け合うこと。
相互理解、寛容	（10）自分の考えや意見を相手に伝えるとともに、相手のことを理解し、自分と異なる意見も大切にする。
C　主として集団や社会との関わりに関すること	
規則の尊重	（11）約束や社会のきまりの意義を理解し、それらを守ること。
公正、公平、社会正義	（12）誰に対しても分け隔てをせず、公正、公平な態度で接すること。
勤労、公共の精神	（13）働くことの大切さを知り、進んでみんなのために働くこと。
家族愛、家庭生活の充実	（14）父母、祖父母を敬愛し、家族みんなで協力し家庭をつくること。
よりよい学校生活、 集団生活の充実	（15）先生や学校の人々を敬愛し、みんなで協力し合って楽しい学級や学校をつくること。
伝統と文化の尊重、 国や郷土を愛する態度	（16）わが国や郷土の伝統と文化を大切にし、国や郷土を愛する心をもつこと。
国際理解、国際親善	（17）他国の人々や文化に親しみ、関心をもつこと。
D　主として生命や自然、崇高なものとの関わりに関すること	
生命の尊さ	（18）生命の尊さを知り、生命あるものを大切にすること。
自然愛護	（19）自然のすばらしさや不思議さを感じ取り、自然や動植物を大切にすること。
感動、畏敬の念	（20）美しいものや気高いものに感動する心をもつこと。
よりよく生きる喜び	

	小学校第5学年及び第6学年（22）
A　主として自分自身に関すること	
自主、自律、自由と責任	（1）自由を大切にし、自律的に判断し、責任のある行動をすること。
	（2）誠実に、明るい心で生活すること。
節度、節制	（3）安全に気を付けることや、生活習慣の大切さについて理解し、自分の生活を見直し、節度を守り節制に心掛けること。
向上心、個性の伸長	（4）自分の特徴を知って、短所を改め長所を伸ばすこと。
希望と勇気、克己と強い意志	（5）より高い目標を立て、希望と勇気を持ち、困難があってもくじけずに努力して物事をやりぬくこと。
真理の探究、創造	（6）真理を大切にし、物事を探究しようとする心をもつこと。
B　主として人との関わりに関すること	
思いやり、感謝	（7）誰に対しても思いやりの心をもち、相手の立場に立って親切にすること。
	（8）日々の生活が家族や過去からの多くの人々の支え合いや助け合いで成り立っていることに感謝し、それに応えること。
礼儀	（9）時と場をわきまえて、礼儀正しく真心をもって接すること
友情、信頼	（10）友達と互いに信頼し、学び合って友情を深め、異性についても理解しながら、人間関係を築いていくこと。
相互理解、寛容	（11）自分の考えや意見を相手に伝えるとともに、謙虚な心をもち、広い心で自分と異なる意見や立場を尊重すること。
C　主として集団や社会との関わりに関すること	
遵法精神、公共心	（12）法や決まりの意義を理解した上で進んでそれらを守り、自他の権利を大切にし、義務を果たすこと。
公正、公平、社会正義	（13）誰に対しても差別をすることや偏見をもつことなく、公正、公平な態度で接し、正義の実現に努めること。
社会参画、公共の精神	（14）働くことや社会に奉仕することの充実感を味わうとともに、その意義を理解し、公共のために役に立つことをすること。
勤労	
家族愛、家族生活の充実	（15）父母、祖父母を敬愛し、家族の幸せを求めて、進んで役に立つことをすること。
よりよい学校生活、集団生活の充実	（16）先生や学校の人々を敬愛し、みんなで協力し合ってよりよい学級や学校をつくるとともに、様々な集団の中で自分の役割を自覚して集団生活の充実に努めること
郷土の伝統と文化の尊重、郷土を愛する態度	（17）我が国や郷土の伝統と文化を大切にし、先人の努力を知り、国や郷土を愛する心をもつこと。
我が国の伝統と文化の尊重、国を愛する態度	
国際理解、国際貢献	（18）他国の人々や文化について理解し、日本人としての自覚をもって国際親善に努めること
D　主として生命や自然、崇高なものとの関わりに関すること	
生命の尊さ	（19）生命が多くの生命のつながりの中にあるかけがえのないものであることを理解し、生命を尊重すること。
自然愛護	（20）自然の偉大さを知り、自然環境を大切にすること。
感動、畏敬の念	（21）美しいものや気高いものに感動する心や人間の力を超えたものに対する畏敬の念をもつこと。
よりよく生きる喜び	（22）よりよく生きようとする人間の強さや気高さを理解し、人間として生きる喜びを感じること。

中学校（22）

A　主として自分自身に関すること

（1）自律の精神を重んじ、自主的に考え、判断し、誠実に実行してその結果に責任をもつこと。

（2）望ましい生活習慣を身に付け、心身の健康の増進を図り、節度を守り節制に心掛け、安全で調和のある生活をすること。

（3）自己を見つめ、自己の向上を図るとともに、個性を伸ばして充実した生き方を追求すること。

（4）より高い目標を設定し、その達成を目指し、希望と勇気をもち、困難や失敗を乗り越えて着実にやり遂げること。

（5）真実を大切にし、真理を探究して新しいものを生み出そうと努めること。

B　主として人との関わりに関すること

（6）思いやりの心をもって人と接するとともに、家族などの支えや多くの人々の善意により日々の生活や現在の自分があることを感謝し、進んでそれに応え、人間愛の精神を深めること

（7）礼儀の意義を理解し、時と場に応じた適切な言動をとれること。

（8）友情の尊さを理解して心から信頼できる友達をもち、互いに励ましあい、高め合うとともに、異性についての理解を深め、悩みや葛藤も経験しながら人間関係を深めていくこと。

（9）自分の考えや意見を相手に伝えるとともに、それぞれの個性や立場を尊重し、いろいろなものの見方や考え方があることを理解し、寛容の心をもって謙虚に他に学び、自らを高めていくこと

C　主として集団や社会との関わりに関すること

(10)法やきまりの意義を理解し、それらを進んで守るとともにそのよりよい在り方について考え、自他の権利を大切にし、義務を果たして、規律ある安定した社会の実現に努めること。

(11)正義と公正さを重んじ、誰に対しても公平に接し、差別や偏見のない社会の実現に努めること。

(12)社会参画の意義と社会連帯の自覚を高め、公共の精神をもってよりよい社会の実現につとめること。

(13)勤労の尊さや意義を理解し、将来の生き方について考えを深め、勤労を通じて社会に貢献すること。

(14)父母、祖父母を敬愛し、家族の一員としての自覚をもって充実した家庭生活を築くこと。

(15)教師や学校の人々を敬愛し、学級や学校の一員としての自覚をもち、協力し合ってよりよい校風をつくるとともに、様々な集団の意義や集団の中での自分の役割と責任を自覚して集団生活の充実に努めること。

(16)郷土の伝統と文化を大切にし、社会に尽くした先人や高齢者に尊敬の念を深め、地域社会の一員としての自覚をもって郷土を愛し、進んで郷土の発展に努めること。郷土の伝統と文化の尊重、郷土を愛する態度

(17)優れた伝統の継承と新しい文化の創造に貢献するとともに、日本人としての自覚をもって国を愛し、国家及び社会の形成者として、その発展に努めること。

(18)世界の中の日本人としての自覚をもち、他国を尊重し、国際的視野に立って、世界の平和と人類の発展に寄与すること。

D　主として生命や自然、崇高なものとの関わりに関すること

(19)生命の尊さについて、その連続性や有限性なども含めて理解し、かけがえのない生命を尊重すること。

(20)自然の崇高さを知り、自然環境を大切にすることの意義を理解し、進んで自然の愛護に努めること。

(21)美しいものや気高いものに感動する心をもち、人間の力を超えたものに対する畏敬の念を深めること。

(22)人間には自らの弱さや醜さを克服する強さや気高く生きようとする心があることを理解し、人間として生きることに喜びを見いだすこと。

しまうからである。従って、各内容項目の指導にあたっては、子供一人一人に道徳的価値について理解させ、それを基に自分自身をしっかりと見つめて道徳的課題をもたせ、それを多面的・多角的に考えながら、自己の在り方や生き方を深められるようにしていくことが必要なのである。

（1）　文部科学省『小（中）学校学習指導要領解説　特別の教科　道徳編』2015年、第 2 章第 2 節の「 3　道徳的な判断力、心情、実践意欲と態度を育てる」を参照。

（2）　文部科学省『（小）中学校学習指導要領解説　特別の教科　道徳編』2015年、第 4 章第 3 節の「 2　道徳科の特質を生かした計画的・発展的な指導」（ 2 ）を参照。

（3）　柳沼良太『実効性のある道徳教育』2015年、教育出版、p.9.

（4）　文部科学省『小（中）学校学習指導要領解説　道徳編』2008年、第 2 章第 3 節の「（ 4 ）　道徳的実践力を育成する」より引用。

（5）　文部科学省『小（中）学校学習指導要領解説　道徳編』2015年、第 3 章第 1 節の「（ 1 ）内容の捉え方」より引用。

（6）　文部科学省『小（中）学校学習指導要領解説　道徳編』2015年、第 3 章「第 2 節　内容項目の指導の観点」より引用転載。

第2章

実効性の伴う道徳科を目指した背景を理解しよう

1 道徳科授業が目指すのは実効性である

　わが国の学校教育の歴史を繙くと、具体的な知識の体系としての教科教育だけでなく、道徳について学ばせる道徳教育が常に設けられてきた。わが国では太平洋戦争終結を境として戦前の国家主義教育、戦後の民主主義教育と二分法的に区分する場合が多い。だが、道徳教育自体は一貫している。つまり、戦前には「修身科」という道徳教育の場が設けられており、戦後は一時期学校教育全体で行う全面主義道徳の時代はあったものの、「道徳の時間」が半世紀以上にわたって展開されてきた。そして、これからは「特別の教科　道徳」＝「道徳科」による道徳教育時代が新たな歴史を刻もうとしている。なぜ道徳教育や道徳授業が必要なのかを本節では検討してみたい。

表2-1　小・中学校学習指導要領「道徳科」目標における基本指針[1]

小　学　校	中　学　校
1．道徳教育の目標に基づいて行う 2．道徳性を養うために行う道徳科における学習 (1)道徳的諸価値について理解する (2)自己を見つめる (3)物事を多面的・多角的に考える (4)自己の生き方についての考えを深める 3．道徳的な判断力、心情、実践意欲と態度を育てる	1．道徳教育の目標に基づいて行う 2．道徳的諸価値についての理解を基にする 3．自己を見つめ、物事を広い視野から多面的・多角的に考え、人間としての生き方についての考えを深める ア　自己を見つめる イ　物事を広い視野から多面的・多角的に考える ウ　人間としての生き方についての考えを深める 4．道徳的な判断力、心情、実践意欲と態度を育てる

（1）「道徳の時間」で果たせなかった期待される姿の実現を目指す

　最初に、半世紀以上もの歴史をもつ「道徳の時間」がどうして「道徳科」に衣替えしなければならなかったのか、その点から検討してみたい。

　平成27年7月に公表された小・中学校学習指導要領解説「特別の教科　道徳編」には、道徳教育および道徳科を充実させるための基本的な指針が示されている。それこそ、道徳科にかける期待そのものである。

（2）道徳科のねらいは価値観の押し付けではない

　表2-1に要約した道徳科目標についての基本指針を述べる前提として、小学校・中学校いずれの解説にも同一の文言が述べられている。

> 　道徳科の授業では、特定の価値観を児童（生徒）に押し付けたり、主体性をもたずに言われるままに行動するよう指導したりすることは、道徳教育の目指す方向の対極にあるものと言わなければならない。多様な価値観の、時に対立がある場合を含めて、自立した個人として、また国家・社会の形成者としてよりよく生きるために道徳的価値に向き合い、いかに生きるべきかを自ら考え続ける姿勢こそ道徳教育が求めるものである。
>
> 　　　　　　　　　　　　　　　　（＊小学校解説は Web 版 p.13、中学校解説は Web 版 p.15）
>
> 　道徳性を養うことを目的とする道徳科においては、その目標を十分に理解して、教師の一方的な押し付けや単なる生活経験の話合いなどに終始することのないように特に留意し、それにふさわしい指導の計画や方法を講じ、指導の効果を高める工夫をすることが大切である。
>
> 　　　　　　　　　　　　　　　　（＊小学校解説は Web 版 p.19、中学校解説は Web 版 p.17）

　今般の学習指導要領一部改正を具申した中央教育審議会答申「道徳に係る教育課程の改善等について」でも、道徳教育が人として生きる上で必要される道徳的諸価値についての子供一人一人が理解を深めながら、それぞれの人生において出会うであろう様々な道徳的問題について、多面的・多角的に考え、判断し、適切に行動するための資質・能力を養うものであることを指摘している。この答申と同一基軸で道徳科の目標が設定されていることを理解しておきたい。

　なお、ここでいう「資質」とは、個に天賦された全人格的な性質もしくは特質のことを意味する。同様に、「能力」とは物事を遂行するための部分要素となる固有の力を意味している。

　資質と能力は対になった熟語として用いられるが、諸能力が培われることで子供一人一人の固有な資質が形成され、発揮されると捉えていくと学校における道徳科授業で具体的に培う場面をイメージしやすいであろう。

　このような未来志向型の道徳教育を実現するためには、子供の「道徳的学び」の姿勢が他律的で受動的な学習者ではなく、主体的で能動的かつ創造的・協働的な学習者であることが必須要件である。道徳科授業でこのような立ち位置に子供達を置けるか置けないかは教師の指導観や教育姿勢次第であろう。今後、実効性ある道徳科を目指して解決しなければならない最大の課題でもある。

（3）多面的・多角的な視点で実効性ある道徳性を育む

　既にここまでの文中で、「多面的・多角的」という用語を何度用いたことであろう。新学習指導要領というよりも、これからの時代に求められる「21世紀型能力」を具現化する極めて重要な事柄が、「物事を広い視野から多面的・多角的に考える」ことである。

　まず、用語について解説的に述べるなら、「多面的」とは一見すると同じように捉えられるものであっても、本当はその実相が異なるような場合である。ある一面から見るとどれも円であるが、本当は円柱だったり、円錐だった、円錐台だったり、球だったりすることはよくあることである。道徳的な問題とて同様である。一見しただけではその本質を見抜けないこと、多様な捉え方ができることはよくあることである。

　「多角的」とは、同一のものを様々な角度から捉えることで、そのものに含まれている多様性に気付くことである。道徳的な行為を例にするなら、その一つの行いの中には様々な動機となっている道徳的価値が含まれていよう。でも、それらの理由に関係なく道徳的行為は同じように見えるのである。

　道徳的諸価値を理解するということは、「多面的・多角的に理解する」ことである。

図2-1　「多面的」なものの捉え方モデル図

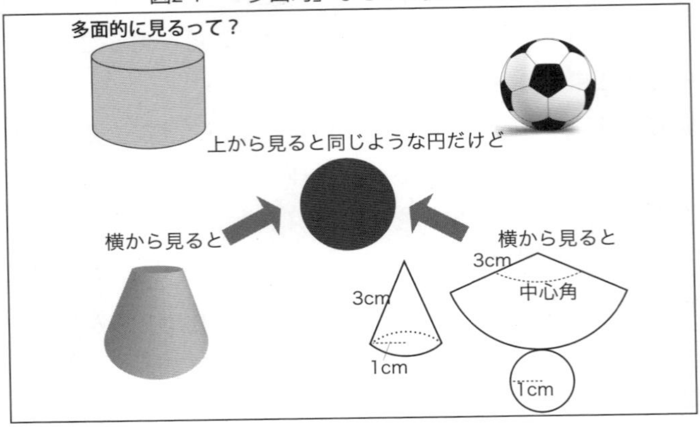

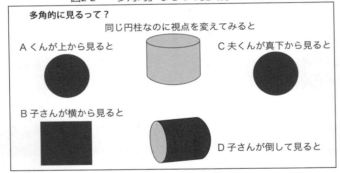

図2-2　「多角的」なものの捉え方モデル図

2　道徳科を「教科」と理解して指導する

　「道徳の時間」から「道徳科」へ移行したということは、質的な転換を目指すということである。その質的転換の具体的な内容をしっかりと踏まえた指導が望まれるのは当然のことである。ただ単に名称変更になったといった捉え方では、今後の道徳教育を改善する力とはならない。何がどう変わったのか。そして、何をどうすべきなのかを検討していきたい。

（1）「道徳の時間」から「特別の教科　道徳」へ

　教育課程の教科外教育の1領域であった「道徳の時間」が、教科教育の1教科として位置付けられたことは、とても大きな転換である。比較的に示せば、表2-2のようになる。

表2-2　「道徳科」と「道徳の時間」の特質的差異について

名　称	「道徳の時間」	「特別の教科　道徳」
教育課程	教科外教育の1領域	教科教育としての「特別の教科」
授業時数	35時間（小1は34時間）	35時間（小1は34時間）
使用教材	「心のノート」、「私たちの道徳」等の副教材を適宜使用	道徳教科書（検定、採択による無償配布）
指導教師	担任を中心に全教員で	担任を中心に全教員で
授業評価	道徳性については、常にその実態を把握して指導に生かすよう努める。ただし、道徳の時間に関して数値などによる評定は行わない。	学習状況や道徳性に係る成長の様子を継続的に把握し、指導に生かすよう努める。ただし、数値などによる評価ではなく、記述評価によって行う。

　道徳の時間から道徳科に移行したことで、これからは図1-3のような教育活動で学校での授業に変化が生じてくる。つまり、特別の教科として他の教育活動との緊密な連携を保ちつつ全体的な道徳教育を推進する部分と、要の教科として独立して機能する教科教育的営みの部分である。

（2）教育課程の重要な時間として授業マネジメントが求められる

　道徳が教科になれば、これまで以上に各学校の教育課程にしっかりと位置付けられる。時間割の組み方ひとつとっても、全校朝会等でついその時間が削られがちな月曜日1時限目に道徳授業を位置付けるといった安易な発想も改善されるであろう。教科の時間である以上、いい加減な指導では済まされなくなるので、結果的に道徳科授業が充実することとなる。

　その際に求められるのは、道徳科授業マネジメントである。言うまでもなく、マネジメント（management）とは、そのものが発揮する効果を最大限に引き出すための管理手法を意味する。ならば、学校の全教育活動を通じて行う道徳教育や各教室で日々展開される道徳科授業をマネジメントする体制が整えばど

うなるのか。これまで、「道徳教育はいくら指導しても、その指導効果が見られない」とか、「たかが1時間の授業をして、子供の内面の育ちがどうなっているのか推し量るなんて不遜である」等々の旧態依然の考え方が問い直され、実効性が伴っていないと批判され続けてきた道徳科教育が大きく転換されよう。

（3）検定を受けた道徳教科書が無償配布される

　学校教育法第34条「小学校においては、文部科学大臣の検定を経た教科用図書又は文部科学省が著作の名義を有する教科用図書を使用しなければならない」（中学校は同法第49条）という条文をもち出すまでもなく、教科書がもつ意味は大きい。これまで、適切な教材がないから心に響く道徳授業ができないと言い訳してきた教師は、自らの指導力が問われることとなる。さらに、保護者や地域住民の注目を一身に浴びることとなる。学校が「義務教育諸学校の教科用図書の無償措置に関する法律」の適用を受けて無償配布されるようになる道徳教科書を使用してどのように指導しているのか、どのような教育成果が顕れているのか、道徳教育の実効性はどう向上していじめ問題や暴力行為問題、不登校問題等の学校病理改善に貢献しているのか等々、逐一問われることになる。それでも道徳授業が相変わらず硬直化、形骸化しているといった批判をされるなら、わが国の道徳教育はその営みとしての意義を有しないということになってしまうのである。まさに、今般の道徳科への移行は背水の陣なのである。

（4）道徳科授業の結果としての個人内自己評価が求められる

　道徳科の評価については、文部科学省内に設置された「道徳教育に係る評価等の在り方に関する専門家会議」で検討が積み重ねられてきた。基本的には、各教科のような発想による数値的あるいは到達度的な評価ではなく、子供一人一人の道徳性に関わる成長の様子を把握して記述することで、子供自身のさらなる自律的向上を促そうとするものである。

　小・中学校学習指導要領「第3章　特別の教科　道徳」の「第3　指導計画の作成と内容の取扱い」の4で、「児童（生徒）の学習状況や道徳性に係る成長の様子を継続的に把握し、指導に生かすよう努める必要がある。ただし、数

値などによる評価は行わないものとする」と述べられている。

　つまり、道徳科では他者や集団と比較したり、数値化によってのラベリング、目標に準拠してその到達度に照らしてランク付けしたりするような評価・評定はしないということである。それに代わって重視されるのは、個としての道徳的学びや道徳的成長プロセスに着目した個人内評価である。それはその時々の学び評価した内容物を貯め込んでいくポートフォリオ評価をしていくことであるから、教師の外部評価以上に大切にしていかなければならないのは、「個人内自己評価」ということになる。

（5）道徳科授業に関わる教師の専門性が問われる

　特に教科担任制の中学校においては、諸外国のように道徳科指導を専門とする教員免許は設定されていない。「教員免許もなしに、どう指導するのか」と危惧する現場教師も少なくないものと思われる。しかし、それは学校教育や教職についての大きな誤解があると言わざるを得ない。

　そもそも、「道徳」の教員免許をもって専門に指導できる教師など現実に現れるのかと考えてほしい。もし、「私は、立派な道徳の教員免許をもった専門家です」と公言する教師がいたら、「それ以外の教育活動では何を指導しようとしているのか？」と尋ねてみる必要があるだろう。つまり、学校教育の目的は子供の人格形成である。それは道徳性や社会性をも包摂した広い概念としての「人間性（humanity）」である。その人間性が発揮され、自らの人生をより充実したものとしていけるような力、言わばトータルな「道徳力」を育むということである。こんなことは教師に限らず、子供の成長に関わる大人全ての義務でもあるわけである。ゆえに、道徳の教員免許と言わずとも、大学で教職課程を履修する際に教育学や教育心理学等々の科目を学んだはずである。それを修めて教員免許を取得したからには、門外漢の人よりは道徳を指導する専門家と呼べるに違いない。専門家なら専門家なりに自己研鑽し、その指導力を高めて道徳教育を行い、これにプラス・アルファしてさらに固有の専門教科を通して子供の人格形成にあたるというのが本来的な考え方であろう。

3　道徳科授業ではその先にある子供達の未来を肝に銘じよう

　言うまでもなく、学校教育全体を通じて行う道徳教育やその道徳教育を束ねる「要の時間」として道徳科授業は、それを指導する教師のためにあるのではない。その道徳科授業は、あくまでも自らの人生の在り方を考え、よりよく生きようとする子供達のためにあるのである。そのような立場から道徳科移行を考えるなら、「これからの道徳科授業では、こうしなければならない」とか、「道徳科になったのだから、これまでのような○○を従前と同様にしてはいけない」等々といった教師目線での道徳教育改革の発想を、今後は子供目線での改革へと転換していくことが重要である。

（1）子供一人一人の資質・能力形成を大切にする

　これからの時代を生きる子供達に学習指導要領の内容項目として取り上げられているから、とにかく同じように順番に万遍なく指導するといったお座なりな指導、道徳的諸価値の構造や関連性、発展性等もお構いなしにただ理解させるだけで子供にどんな「道徳力」が育つのであろうか。道徳科授業を展開する窓口として取り上げる内容項目に含まれる道徳的価値の理解を通して、その先にある子供一人一人の資質・能力をどう意図しながら育んでいくのか、その点を問われるのが21世紀型道徳科授業と考える次第である。

　道徳の時間が教科となったということは、これまでの道徳教育充実の取組みで蓄積してノウハウを生かしつつも、新たに教科教育学の視点から理論構築し直すということでもある。子供の資質・能力形成を重視するという考え方はその延長線上にあると理解すべきである。道徳力は、道徳教育内容学と道徳教育方法学の融合によって育まれるのである。

（2）道徳科を充実させるためにはカリキュラム・デザインが必要である

　平成27年8月26日、中央教育審議会教育課程企画特別部会が新学習指導要領改訂の基底となる「社会に開かれた教育課程」と称される「論点整理」を公表した。そこで提起されているのは「新しい時代と社会に開かれた教育課程」という考え方である。つまり、21世紀型学力観の提唱である。

　これからの時代を生きる子供達に求められるのは、「何を学ぶか」→「どのように学ぶか」→「何ができるか」というアクティブ・ラーニング（能動的・創造的・協働的な学び）の考え方に立った資質・能力育成観である。そこでは、ただ「何を知っているか、何ができるか」（基礎力）だけに留まらず、「知っていること・できることをどう使うか」（思考力）、さらに「どのように社会・世界と関わり、よりよい人生を送るか」（実践力）という各学校レベルでの子ども達の資質・能力形成に向けたカリキュラム・デザインが求められることとなるのである。そのようなカリキュラム・デザインと対になって、表裏一体のものとして問われるのが「特別の教科　道徳」つまり、道徳科授業評価の進め方である。

図2-3　道徳科カリキュラム・デザインのイメージ

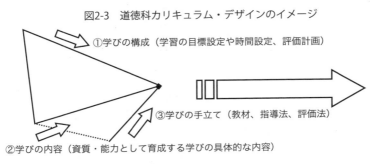

①学びの構成（学習の目標設定や時間設定、評価計画）

③学びの手立て（教材、指導法、評価法）

②学びの内容（資質・能力として育成する学びの具体的な内容）

　他の教科教育とは異なる子供一人一人の内面に迫る道徳科授業評価をどう進めていくのかと問う時、これまで授業評価をあまり意識した指導がなされてこなかった現実を踏まえなければならない。道徳が教科化することで授業がどう変わり、どう子供一人一人の資質・能力の育みを具体的に見取っていかなければならないのかという各学校の道徳授業マネジメントの問い直しが課題として与えられたと理解すべきであろう。しかし、それは改めて最初から取り組むような大きな問題ではない。これまで個々の子どもの道徳的成長を願って取り組んできた従前の道徳教育・道徳授業を前提にしつつ、その肯定的な道徳性評価の方法や結果を分かりやすく可視化して子供本人に伝え、より一層の道徳的成長を促すような評価にすればよいというのが基本的な立場となろう。それを可能にするのが道徳科授業マネジメントである。

（3）道徳科のカリキュラム・マネジメントはこう進める

　道徳科授業マネジメント、つまり、道徳科カリキュラム・マネジメントの目的は、子供達にとって有益な道徳性形成の機会を提供するためである。眼前の子供達の道徳的実態に照らして用いた教材はどうであったのか、本時のねらいに迫るための課題設定や発問構成、学習活動の場の構成や手立てはどうであったのか等々を教師が継続的にカリキュラム改善し続けることで、道徳科授業は日々進化を遂げることとなるのである。

　道徳科授業において、もうこれで十分と完成される状態は永遠にあり得ない。子供が替われば、教師が替われば、その時々の教師と子供との関係性が替われば、当然、授業も未来進行形で進化し続ける必然的運命に置かれるのである。

　一連の流れを示すと、図2-4の二重円の内側にあるサイクルがカリキュラム・マネジメントである。①道徳科指導計画の立案・編成（Plan：教師の総意を反映して立案）⇒②道徳科の実践（Do：計画に基づいて実践）⇒③道徳科授業評価活動（Check：実施時期・方法・内容等について評価観点に従って有効性検証）⇒④教育課の再編成（Action：評価結果に基づく改善・再編成）というPDCAサイクルを辿る。

　しかし、このPDCAサイクルのみに固執しても道徳科のみならず、その学校の道徳教育はそう簡単に充実はしない。なぜなら、このサイクルの前提となる部分の不断の問い直しと教師間の共有がなければならないからである。つまり、学校教育活動でいちばん大切にされなければならないのが教育目標や目指す子供像の視点からの継続的な問い直しと教職員全体での共通理解である。これが常になされなければ、道徳教育や道徳科授業も有効に機能できないのである。図2-4の二重円の外側の円にあるサイクルは、それをイメージ化したものである。

　学校教育目標や目指す子供像は、学校や子供が置かれた教育環境実態、保護者や地域の教育への願い等を踏まえて作成されたものである。ゆえに、自校の教育理念実現状況を常に確認するための方針決定（Vision）と問い直しが必要なのである。次に、それらを反映して具現化するための方略（Strategy）が必

要となってくる。具現化方策を講ずる手立てをもたない限り、それは画餅に終始するからである。さらには、いくら方針や方略が立派でも、それが実際の教育活動でどう成果となって顕れたらそれが達成できたのかという具体的証拠（Evidence）を予め設定しておかなければならない。その証拠となるべきものがあって初めて，継続的な学校評価活動（Assessment）が可能となるのである。

　このような一連のカリキュラム・マネジメントを機能させるための手続きが、方針の決定（Vision）→方略の策定（Strategy）→証拠の設定（Evidence）→探査的継続評価（Assessment）という、いわゆる VSEA サイクルである。

図2-4　道徳科カリキュラム・マネジメントの進め方

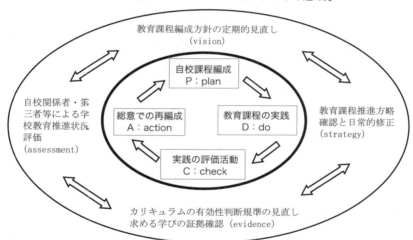

（4）道徳科カリキュラム・マネジメントを機能させる前提は教師力である

　道徳科を有効に機能させるためには、カリキュラム・デザインをするだけで終わりにしてはならない。実際の教育活動として展開した際、それをさらにどう工夫すれば子供達にとってより実効性のある道徳的学びを創出していけるのかという自己省察と不断の改善視点による道徳科カリキュラム・マネジメントが不可欠なのである。

　ここまで述べた VSEA サイクルと PDCA サイクル、これらが有効に機能すれば、必然的に各学校の道徳教育や道徳科授業は実効性の伴う教育活動として機能するようになる。このようなカリキュラム・マネジメントの発想を生かしていく上でがどうしても必要なのが、全教職員での共通理解に基づく組織的取組みである。

　道徳教育充実の鍵をキーワードで示せば、即ち「教師力」ということになろう。各学校がカリキュラム・マネジメントを組織的に自己管理できるなら、自己省察的教師集団を形成する「反省的実践家（reflective practitioner）」が確実に育ったということになろう。自己省察的な教師とは、自らを教師という専門職として位置付け、自己成長する教師である。日々の現実的実践の中に身を置いて「行為の中の省察（Reflective in Action）」という経験を基礎にしながら幅広い見識と科学的根拠に基づく教育学的知見を身に付けようとすることができる反省的実践家でなければならないのは必然であろう。

反省的実践家としての教師の姿勢

① 　子供達の前で、いつも豊かな教師であること。

② 　一つ一つの教育活動に対して丁寧な教師であること。

③ 　活動している子供達に向けられる眼差しが温かな教師であること。

4　道徳教育が内包する課題を踏まえて真摯に取り組む

　ここまで、道徳科成立へ至る経過は繰り返し述べてきた。唐突といった印象は否めないが、教育再生実行会議⇒道徳教育の充実に関する懇談会⇒中央教育審議会と議論を尽くしての道徳教科化に向けた手続きであったことを理解しておきたい。

　文部科学省は、中央教育審議会答申「道徳に係る教育課程の改善等について」を受けて学習指導要領を一部改正して宿願であった道徳教科化を実現したのである。その結果、これまで長きにわたって「道徳の時間」と称されていた教科外教育の1領域として各学校の教育課程に位置付けられていた道徳授業が、教科教育「特別の教科　道徳」＝「道徳科」に生まれ変わったのである。そこ

での意図は、「笛吹けど踊らず、打てども響かなかった道徳授業」の抜本的な改革である。画一的かつ形式的と批判されてきた道徳授業を実効性あるものとするために教科化し、ようやく道徳教育充実に向けた環境整備を終えたのである。

（1）道徳科成否の鍵はその重要性を周知することである

　学習指導要領を一部改正してまでの道徳科、なぜ「道徳科」でなければならなかったのであろうか。なぜ、これまでの「道徳の時間」ではいけなかったのであろうか。道徳科成否の鍵は、その趣旨を周知徹底することである。

　既に平成26（2014）年11月には2030年代の社会を担う人材の育成を視座した新学習指導要領への改訂に向け、文部科学大臣より中央教育審議会にその在り方が諮問された矢先の出来事である。その答申を受け、2030年の社会を想定して改訂される新学習指導要領も平成28（2016）年度中には告示されるというタイミングでなぜ「道徳科」のみが先行したのか、そんな素朴な疑問についても単刀直入に触れておきたい。

　学校の教育課程へ新たに「特別の教科　道徳」として位置付くに至る過程は教育界のみならず、国民感情として根強く残る道徳教育軽視傾向・忌避感情と対峙する状況打開の足跡であったことを敢えて述べておきたい。

　わが国における戦後の道徳教育の歩みは、戦前の修身科批判、国民を戦渦に引きずり込んだ元凶としてのシンボルでもあった「教育ニ関スル勅語（通称は「教育勅語」で1890年に下賜された）」に彩られた戦前の皇国主義思想教育の排斥と連動して形骸化され続けてきた多難な歴史でもあった。ただ残念なのは、本来は有効に機能することで国益に叶うはずの道徳教育が労働組合や一部政党によって政治闘争の格好の材料として利用されてしまったことである。果たして、戦前の国家主義的教育思想の元凶はすべて教育勅語を中心概念とした修身科教育が責を負うべきことなのか、教育勅語は国民教育においてどう機能していたのか、教育内容的にどのような問題点が含まれていたのか等々、一切検証されることなく問答無用の悪玉論で切り捨てられてきたところが今日となっては取り返しのつかない問題となっている。指導をしないことで有名無実化し続けて

きたわが国の道徳教育、その影響は70年を経ても解消されず、学校教育充実の足かせとなっている事実から目を背けてはならないであろう。

　道徳が教科化された今、国民にとって道徳教育とは何なのか、道徳教育が子供達にもたらす教育的意義は何なのか、それを真っ向から問うことができるまでに戦後70年を費やしたわが国教育界の特殊性を思わずにはいられない。世界の国々で、道徳教育を重視しない国家が存在するのだろうか。戦前のわが国の過ちの責めを総て修身科教育、つまり道徳教育に負わせる魔女狩り的な自虐的教育観を問い直すには余りにも時間を要したというべきであろう。

（2）人間社会には欠かせないが合意形成できないのも道徳

　道徳を教育することの難しさ。この点に関して正直に述べれば、「未来の夢を語る書籍タイトル、ポジティブな章立て、項立てであること」、「ネガティブな文字が並ぶ書籍は誰も手にしない」というのが、教育書出版に携わる編集者等からしばしば助言される事柄である。敢えてその禁を犯して語らなければならないのも、わが国の道徳教育が多年内包してきた特殊状況のためである。

　この世で道徳教育を否定し、実施しない国家はおよそ存在しない。しかし、いずこもその内容や実施方法を巡っての合意形成は容易でないことも事実である。これに触れずしての道徳科教育充実論は語れない。

　表2-2の年表に着目してほしい。これが、わが国の戦後道徳教育の歴史、とりわけ道徳授業が置かれてきた足跡である。まさに苦難の道程、逆風に佇む孤高の「道徳」であったというのが、最大の讃辞を込めた形容であろう。

　道徳教育の内容に問題があったということではない。道徳教育こそが国家統制を目論む元凶であるといった盲目的悪玉論である。教職員組合等の道徳教育反対論者の多くは、戦前の教育勅語や修身科教科書の内容を自ら読んで確かめることもなく、否定することに終始してきたのも事実である。

　この年表こそが、太平洋戦争終結以降のわが国道徳教育の足跡である。その根底には、戦後70年を経てもなお、負の国民感情が解消されない精神的呪縛状況が続いていることを意味するものである。つまり、戦後の教育制度はそれまでにあったものをきちんと論証・省察することなく、盲目的に全面否定するこ

表 2 − 3　道徳科創設に至る道徳教育改革動向

改革年	道徳教育改革に関する出来事
昭和33 （1958）年	小・中学校教育課程に「道徳の時間」特設。
昭和39 （1964）年	小・中学校「道徳指導資料集」刊行〜現在に至る。
昭和61 （1986）年	臨時教育審議会第 2 次答申で徳育充実を提言。
平成 6 （1994）年	「道徳教育推進状況調査」結果公表、以降 5 年毎に実施。
平成10 （1998）年	いじめ自殺事件の頻発、神戸児童連続殺傷事件等の動向を受け、中央教育審議会が「幼児期からの心の教育の在り方について」を答申。
平成12 （2000）年	教育改革国民会議「教育を変える17の提案」を報告。その中で小学校「道徳」、中学校「人間科」、高校「人生科」と道徳教科設置を提案。
平成14 （2002）年	道徳教材「心のノート」を全児童・生徒に配布。
平成20 （2008）年	教育再生会議第 2 次報告にて「徳育の教科化」を提言。中央教育審議会答申では時期尚早と見送り。
平成25 （2013）年	教育再生実行会議第 1 次提言にて「道徳の教科化」を提言。それを受けた道徳教育の充実に関する懇談会も、「道徳の教科化」を報告。
平成26 （2014）年	心のノート全面改訂版『私たちの道徳』を全児童・生徒に配布。中央教育審議会が仮称「特別の教科　道徳」を提言。
平成27 （2015）年	小・中学校学習指導要領一部改正によって「特別の教科　道徳」が創設。 4 月より移行措置。
平成30 （2018）年	小学校「道徳科」が全面実施。
平成31 （2019）年	中学校「道徳科」が全面実施。

とで成立し得たのである。

　教育史の視点から戦後道徳教育の歴史的経緯を検証している貝塚茂樹（2008年）は、「これまで『道徳教育反対』を声高に主張してきた人々が、昨今の青少年問題の深刻さを目の当たりにして、臆面もなく『道徳教育の再興』を唱えることも珍しくはなくなった」[2]と「戦後教育」論者の論理的ねじれ現象を指摘する。「戦後教育」論とは、戦前 VS 戦後という二項対立的な構図のみで教育制度を捉えようとするものの考え方である。つまり、戦前は天皇制国家主義を煽る全て悪い教育で、戦後は連合国軍がもたらしてくれた輝かしい未来を約束する民主主義の全て善の教育であるという「思考停止状態」から脱却できない頑迷なイデオロギー論である。現代社会の実相を無視したこの不毛な二項対立構造に変化が生じたことが、今般の道徳教科化促進要因であることは疑いのないところであろう。

　事実、平成25（2013）年2月26日には安倍晋三内閣の私的諮問機関である教育再生実行会議が「いじめの問題への対応について」と題する第一次提言を公表し、教育再生はわが国の最重点課題であるという立場から道徳の教科化を提言した。その提言では、「いじめの問題が深刻な事態にある今こそ、制度の改革だけでなく、本質的な問題解決に向かって歩み出さなければなりません」と述べられ、「子どもが命の尊さを知り、自己肯定感を高め、他者への理解や思いやり、規範意識、自主性や責任感などの人間性・社会性を育むよう、国は、道徳教育を充実する。そのため、道徳の教材を抜本的に充実するとともに、道徳の特性を踏まえた新たな枠組みにより教科化し、指導内容を充実し、効果的な指導方法を明確化する」[3] と明確に提言しているが、そこには二項対立論を越えた教育改革論としての道徳教科化方針が示されているのである。

（3）道徳教育はいつも保護されながらも疎んじられてきた

　今般の道徳教育改革の要諦は、実効性の伴う教科教育型道徳授業への転換である。この道徳科移行を巡って喫緊課題となっているのは、これまで必要とされながら重視されてこなかった道徳教育軽視傾向と忌避感情の是正である。この道徳教育軽視傾向と忌避感情の解消は、今さら始まったことではない。

　冒頭でも述べたが、わが国の道徳教育は太平洋戦争終結を境に戦前の道徳教育は教科「修身科」として学校の学科課程（今日言うところの教育課程）の筆頭教科に位置付けられて最重要視されてきた。それが、戦後の民主主義教育への移行に伴って戦前の修身科への十分な検証もなされないまま、教育活動全体を通じて行う全面主義道徳の時代を経て、昭和33（1958）年9月から領域「道徳の時間」がスタートし、今般の道徳科創設に至っているのである。

　ただ、わが国の戦後道徳教育不振の主たる要因は教師に限らず、国民的規模での道徳アレルギーにあることに言及しないわけにはいかない。道徳の時間特設より半世紀余を経て、常に逆風に晒され続けてきた道徳授業がようやく改革へと踏み出し、新たな教科「道徳科」として創設されたことの意義は図り知れない。しかし、かといって世論や教師の内面に潜む道徳授業忌避感情等が払拭されたというわけではない。

　道徳教育はその営みが子供一人一人の内面的陶冶を目的とするだけに、それを取り巻く理念、目的、目標、内容、教材、指導と評価といった方法論に至るまで、そこには政治的背景を包摂した本質論とは異なる次元での要因が介在し、批判を招きやすい。

　例えば、これが道徳の時間でなく他の教科であったならどうであろう。その実効性が確認できなかったなら、それは間違いなくそれは消えゆく運命である。しかし、「道徳の時間」は半世紀余にわたって存続し続けてきた。これは奇跡ではなく、政治的に判断されてきたからに他ならない。それにもかかわらず、わが国の道徳教育は不振を極めてきたのである。

　平成25（2013）年12月に公表された道徳教育の充実に関する懇談会報告「今後の道徳教育の改善・充実方策について〜新しい時代を、人としてより良く生きる力を育てるために〜」では、道徳教育の充実度を全体として捉えると、今なお多くの課題が存在しており、「道徳教育は機能していない」との厳しい指摘もなされるなど、期待される姿には遠い状況であることを露呈している。その報告で挙げられた道徳教育不振要因は、以下の4点である。

---

①歴史的経緯に影響され、未だに道徳教育そのものを忌避しがちな風潮がある。
②道徳教育の目指す理念が関係者に共有されていない。
③教員の指導力が十分でなく、道徳の時間に何を学んだかが印象に残るものになっていない。
④他教科に比べて軽んじられ、道徳の時間が、実際には他の教科に振り替えられていることもある。

　また、前出の中央教育審議会答申「道徳に係る教育課程の改善等について」（2014年10月）では、「道徳の時間において、読み物の登場人物の心情理解のみに偏った形式的な指導が行われる例があることや、発達の段階などを十分に踏まえず、児童生徒に望ましいと思われる分かりきったことを言わせたり書かせたりする授業になっている例があることなど、多くの課題が指摘されている」と述べられていることからも、道徳授業実施時数という教育指導量ではなく、指導効果という実効性が求められていることは明白である。この乖離した現実

状況こそがわが国における道徳教育軽視傾向の典型的実態であり、その克服こそが道徳科の課題であると肝に銘ずるべきである。

（4）修身科の時代においても忌避傾向は同様であった

わが国道徳教育の不振の規定にあるのは、悪しき国家主義を象徴する戦前の修身科の亡霊が道徳教育忌避感情や軽視傾向を助長したと推察するのが一般的な見解であろう。しかし、戦前の修身科も多くの矛盾を内包して展開されてきたことは、今日となってはあまり知られていない過去の事実となっている。

戦前の修身科と一口に表現してしまいがちであるが、わが国の近代教育が開始されたばかりの明治初頭、二つの大きな戦争を経て近代化に邁進した明治後期、世界的な新教育運動の只中で進められた教育改革運動が開花した大正期、15年に及ぶ戦時下で軍国主義が台頭した国民学校移行期、それぞれに学校教育における修身科の位置付け、授業内容や教材等が異なっている。それを念頭に当時の道徳教育関連文献から少し引用してみたい。

まずは、拙著『再考―田島体験学校』（2002年）[4]を手掛かりに、大正デモクラシーと呼ばれた当時の修身科実践に触れておきたい。ここで言う田島体験学校とは、大正末期から昭和初期の10年余にわたって展開された新教育実験校の別称である。正式には神奈川県橘樹郡田島町田島尋常高等小学校（現川崎市立田島小学校）と称すが、そこでの新教育を率いた校長の山崎博（1890〜1958年）が東京帝国大学教授の入澤宗壽（1885〜1945年）と共同研究で取り組んだのが、ディルタイ（W. C. L. Dilthey, 1833〜1911年）、シュプランガー（E. Spranger, 1882〜1963年）等の教育・哲学思潮を基底としたドイツ文化教育学理論に基づくわが国での端緒となる体験教育である。

第1次世界大戦後に新教育運動が世界的なブームとなった当時、わが国でも各地で様々な児童中心主義的な教育が展開された。その多くは、米国の哲学者であり教育思想家でもあったデューイ（J. Dewey, 1859〜1952年）の「為すことによって学ぶ（Learn by Doing）」という進歩主義・経験主義教育を基盤にしたものであった。デューイは教育を文化伝達に留めず、子供自身が社会を新たに創造していく能力を身に付けさせていく点にあることを主張した。既存の文化

伝達と同時に新しい文化創造を可能とする力、それを生み出す教育の在り方として児童中心主義の主張である。そんな中で田島体験学校では、「単なる児童中心主義ではなく、体験的存在としての教師と、児童との体験的交渉の事実を基盤とする両者の協働同行をもって教育活動の本質とみる」[(5)]という立場で知情意合一理念からなる体験教育実践として修身科を位置付けていたのである。

　田島体験学校における修身科教授で特筆すべきことは、「遊戯的方法」である。その田島校低学年経営で先進的な「遊戯的方法」での教育実践を世に問うた杉田徳太郎（1932年）は、「尋一の児童に対しての修身なるものは誠に生活離れのし過ぎた、余りにも理想的な学問である様に思はれる。（中略）成るべく沢山の材料を握って子供の前に立ち否子供の生活渦中に飛び込み、観る、聴く、読む、行ふ、生活様式によって総べてを直感的体験に訴へてその陶冶を計らなければならぬ。従って無味殺風景な、子供を悪くする様なあの教科書にしがみつかなくても立派な修身教育が出来やうと思ふ」[(6)]と比較的自由な教育活動が容認されていたはずの当時の修身科教授の実態を批判している。

（5）教科書を教える授業は「道徳力」形成につながらない

　田島体験学校での実践にも見られるような子供の生活に軸足を置く修身科教授は、各地で様々な実践がなされている。例えば、『生活修身原論』を著した奈良女子高等師範学校訓導の岩瀬六郎（1932年）はその中で、「従来及現行の修身書は大体から言へば徳目本位に編纂せられたものである。何れにしても教科書中心の修身は、教科書の内容を修身の時間に教へることにのみ淡々として殆ど人間そのものを作るの道を忘れてゐるかの観があった」[(7)]と修身科低迷に異を唱え、生活修身は真っ向から子供の生活そのものを眺め、人間の道徳生活の限りない向上発展を目的として掲げていることを訴えている。つまり、教科書修身は実効性が伴わない主知主義に陥っていたことの証左でもあったわけである。

　形骸化した教科書修身の指摘は、当時の修身科教育関連文献に当たれば枚挙に暇がない。同様に、広島高等師範学校訓導の堀之内恒夫（1934年）が著した『現代修身教育の根本的省察』でも、「先づ念頭をひしと打つ問題は実に修身教

育に於ける実践の悩みそのものである。修身教育は既に述べるが如く決して理論の問題ではない。その終局は実践実行の問題である。修身教育に於ては実践の背景としての理論のみが理論として成り立つのであって、学問のための理論は修身科に於ては意味をなさぬ」[8]と、徳目理解に終始する教科書修身を一刀両断にしている。

　さらに辛辣なのは、東京高等師範訓導の川島次郎が著した『修身教育』（1937年）である。冒頭から「修身科は何故に振はないのか。今日修身科は形式的には相当重んぜられてゐる。大ていの学校で、修身科の研究主任といへば、校長か主席かその学校で重要な番位を占めてゐる人である。誰一人として修身科が大切でないと言ふ人はない。それでゐて、実際は、算術よりも、国語よりも、体操よりも、恐らくどの教科よりも不振である」[9]と言い切っている。川島はそこから修身科不振改善の提案を意図するのであるが、学校の純粋道徳と家庭道徳との乖離が深刻であることを繰り返し述べている。つまり、教科書中心の修身科教授は偏知主義に陥って、子供にとって実効性の伴う道徳力形成につながっていないという現実を指摘するのである。

　後世の我々が同じ轍を踏まないためには、いったいどうすればよいのか。戦前の教育界で比較的開放的な雰囲気に包まれていた時代に修身科教育充実を実践的に唱えた先達から学ぶことがあるとすれば、それは眼前の子供の日常的道徳生活を問うことなしにただ道徳的価値理解を繰り返し指導する教科書道徳に陥ってはならないということである。多くの道徳教育研究者が懸念する最悪のシナリオだけはどうしても回避しなければならない。

　やはり、道徳教育や道徳科授業は未来に生きる子供達にとって、明日の道標になるものでなければならない。今日よりも明日、明日よりも明後日と未来へつながる希望の掛け橋であってほしいものである。

（1）　文部科学省『小（中）学校学習指導要領解説　道徳編』2015年、第2章「第2節　道徳科の目標」より要約引用。
（2）　貝塚茂樹『戦後道徳教育は変われるのか』2008年、学術出版、p.67。
（3）　教育再生実行会議「いじめの問題等への対応について」（第一次提言）2013年、1の「心と体の調和の取れた人間の育成に全体で取り組む。道徳を新たな枠組みによって教科化し、人間性に深く迫る教育を行う」の項を参照。

（4）　田沼茂紀『再考―田島体験学校―大正末期〜昭和初期新教育運動の検証―』2002年、川崎教
　　　育文化研究所。
（5）　山崎博『吾が校の体験教育』1932年、教育実際社、p.21。
（6）　田島体験学校編『郷土教育の低学年経営』1932年、教育実際社　pp.3〜4、そこで本書を中
　　　心となって取りまとめた杉田徳太郎は、教科書を見ただけで子供は修身を嫌いになると断言
　　　している。
（7）　岩瀬六郎『生活修身原論』1932年、明治図書、p.2。
（8）　堀之内恒夫『現代修身教育の根本的省察』1934年、賢文館、p.6。
（9）　川島次郎『修身教育』1937年、非凡閣、p.1。

第 **3** 章

確かな実効性の伴う道徳科授業を創る

1 実効性ある道徳科授業とは何かをまず考えよう

　道徳科授業で目指すのは、「主体的な判断に基づいて道徳的実践を行い、自立した人間として他者と共によりよく生きるための基盤となる道徳性を養う」[1]ことである。このような道徳科の最重要課題克服の鍵は、そこに到達できるような実効性ある授業を創ること以外に最良の策は見出せないのである。

（1）道徳科授業で培う実効性は道徳的実践への身構えである

　実効性ある道徳科授業をと、一口で言うのは容易いことである。しかし、何をもって実効性があると言えるのか、まずはそこからきちんと解明しておく必要があろう。

　本節で問題とする実効性ある道徳科授業とは、子供一人一人の内面に道徳的実践への身構えとしての道徳性をしっかりと高めることができる授業である。ここで言う道徳性、つまり道徳的実践力は、認知的側面（道徳的理解や思考・判断）、情意的側面（道徳的感性や共感性）、行動的側面（実践意思力や実践スキル）が個々人の内面において調和的に形成された時に培われるものである。よって、いずれかの部分が偏っても人間らしいよさとしての道徳性は望ましい状態で形成されないことに留意すべきである。

　図3-1の「価値達磨構想モデル図」はそんな調和的な道徳性、言わば豊かな人間性を基盤とした道徳力をバランスよく形成するために、その構成要素である認知的側面、情意的側面、行動的側面を子供の人格全体としてホリスティック（holistic：包括的）に育んでいく際のイメージ図である。

　人格形成のいちばん基盤となるのは、ダルマが立つ土台としての「感情コントロール層」である。この層は、個の価値観形成の土台となる人間の自然性に

図3-1　人格形成イメージとしての価値達磨（ダルマ）構想モデル

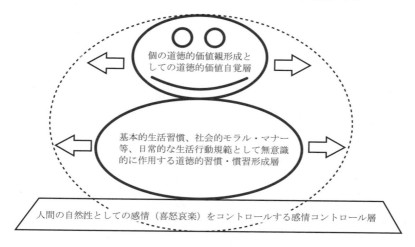

関わって道徳的行為を可能する根源的な部分である。子供が自らの内面に道徳的価値観を構築していく過程で、人間としての喜怒哀楽といった感情部分をセルフ・コントロールする力（自己調整力）を形成する層である。

　次が、ダルマの胴体となる「道徳的習慣・慣習形成層」である。道徳的習慣とは人間社会において必要とされる基本的生活習慣・ルール・マナー・エチケットであり、道徳的慣習とは限定された集団や社会内においての望ましさや行動規範である。子供が道徳的価値自覚に基づいて自らの価値観形成を促進していくためには、この「道徳的慣習形成層」が他層と同時並列的に育み膨らんでいないと頭部が頭でっかちの不安定で歪な道徳性となってしまうのである。

　最後が、ダルマ頭部としての「道徳的価値自覚層」である。道徳的価値を肯定的に受け入れ、積極的にそれを具体的な生活場面へ拡げようとするための道徳的な実践力を強化し、内面的資質としての道徳性形成をするのがこの道徳的価値自覚層である。

　ここに示した「価値達磨構想」図の主意は、子供一人一人の内面において個としての道徳的価値観形成を調和的に促す意義を伝えるところにある。望ましさの体現としての道徳的実践を可能にする個々人の内面的資質である道徳性＝

道徳的実践力を育成するためには、ただ感性的な部分のみを膨らませても、ただ道徳的習慣や慣習面を教化しても、もちろん知的理解・思考・判断といった認知的部分のみに限定して教授しても、それだけでは偏ったものにしかならないことをしっかりと押さえて道徳科授業づくりを考えていきたいのである。

（２）道徳科授業の第１歩はしっかりとした授業構想から

　子供達にとって、道徳科授業が真に生きて働く力としての道徳力を育む場として機能していくためには、その前提となる授業構想が何よりも重要となってくる。子供達にとって有意義な授業を提供していくためには、どのような教材で、どう働きかけ、その時間の道徳的学びとして何をつかみ取ってもらおうとしているのかが明確になっている必要がある。図3-2は、道徳科授業構想の基本的な考え方を示したものである。

　道徳科授業を、ガスレンジで温められる水のいっぱい入った鍋と想像してみよう。

　鍋の水、つまり子供達の実態としての道徳性を下から熱してやる。その炎には、①教材に含まれた道徳学習を促す力、②道徳性を高めるためのアクティブ・ラーニングを可能とする指導法の力、③子供達の健やかな道徳的成長を願う教師の思い、が込められている。これらの熱い力によって水である子供達の道徳性は、胸襟開いた語り合いとその協働学習を通して自己内対話を繰り返し、さらに繰り返し（対流）しながら徐々に自らの道徳心を暖めていく。やがて道徳的価値理解やその必要性についての自覚化が頂点（沸騰）に達すると、その高まった道徳性は気化して水蒸気となり、鍋の重し（日常的道徳生活）となっている蓋を持ち上げるエネルギー（道徳的実践力＝道徳力）へ

図3-2　道徳的実践につながる実践力の育成

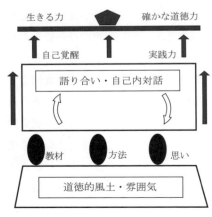

と転化して一気に押し広げられる。高められた道徳性が道徳的行為を生み出す実践力へとその姿を変容させながら、日々の生活へと敷衍されていく。図は、そんな子供の道徳的変容と道徳的実践を日常的道徳生活へ体現していくための道徳力の高まりをモデル図化して表している。

　鍋は道徳科授業、やがて蓋を持ち上げるエネルギーへと転化する鍋の中の水は子供の道徳心、その道徳心に焚きつけるのは、教材力であり、指導法であり、教師の直向きな思いである。道徳科授業を構想するということは、鍋の中に満たされた子供の道徳心を下から暖め対流させ、沸騰させ、道徳的実践への内なるエネルギーとして実効性が伴う道徳的実践を可能にする力を確実に育てることなのである。そのための手立てをしっかりと構想することで、確かな手応えとしての実効性の伴う道徳科授業が実現するのである。

（3）道徳的実践を促す道徳的気付きのプロセスを授業で体現する

　道徳教育は、理想からスタートする。しかし、それはただそこに留まっていたのでは用をなさない。理想を具現化する場が道徳科授業であるとするなら、どのようなプロセスで道徳的学びを構想すればよいのであろうか。

　ここでは、小学校の国語科教材『ごんぎつね』や『手ぶくろを買いに』の作者で知られ、自らも小学校の教壇に立っていた児童文学者新美南吉（1913～1943年）の短編作品『でんでんむしのかなしみ』[2]を例に具体的なプロセスを検討してみたい。そのキーワードは、「自己表現活動」である。

①　人はかかわりを体現することで価値に気付く

　人は誰しも、自分では何もできない無力な存在としてこの世に誕生する。そこで母親と関わり、家族と関わり、大勢の人と関わり、様々なものや様々なことと関わって日々成長を遂げることとなる。ならば、人間としてのよりよい在り方、生き方を追求する道徳授業にあっては、まず教師と子供、子供と子供が相互に関われなくてはその用をなさないということになろう。そして、それを取り結ぶキーワードは、アクティブ・ラーニングとしての自己表現活動である。

　子供が自らの道徳的なものの見方、感じ方、考え方を自己表現しなかったら、

他者からの批判や同調といった返報性の伴う感情体験を味わうことなく終わる。それでは、道徳的問題に自分から関わるという学びへの主体性を放棄したに等しい無為な時間を過ごすこととなるのである。

　また、日常的に関わりの深い教師や級友と道徳的問題について語らうということは、そこでの新たな気付きを可能にする。自己表現から相互的な表現活動へと発展させた学びの結果としての返報性をもたらすアクティブ・ラーニングな道徳科授業を視座した時、自らの自己表現活動によって大切な道徳的学びをした作品の主人公「でんでんむし」の姿が明瞭に浮かんでくるのである。

『でんでんむしのかなしみ』のあらすじと道徳的学びのプロセス

　一ぴきのでんでんむしがいて、ある日、そのでんでんむしは大変なことに気付きます。

〈学びの1step〉

　「わたしは　いままで、うっかりして　いたけれど、わたしの　せなかのからの　なかには、かなしみが　いっぱい　つまって　いるではないか」と、このでんでんむしは嘆きます。　　　自らの問題への気付き

〈学びの2step〉

　そこで、でんでんむしはお友だちのでんでんむしのところへ行って、「わたしは　もう、いきて　いられません」と悩みを打ち明けます。

　すると、そのお友だちは「あなたばかりでは　ありません。わたしの　せなかのからの　なかにも、かなしみは　いっぱいです」と答えます。

　　自分だけで解決できない問題は客観的情報を集めて解決

〈学びの3step〉

　「それはかわいそうに」という慰めを期待したでんでんむしは、意に反する答えにがっかりし、また別のお友だちをのところへ行きました。すると、そのお友だちも「あなたばかりじゃ　ありません。わたしの　せなかにも、かなしみはいっぱいです」と答えます。こうして、お友だちを順に訪ねたでんでんむしですが、どの友だちも同じことをいうのでした。

　　より多くの客観的付加情報を収集して問題解決

〈学びの4step〉

　とうとう、はじめのでんでんむしは、気が付きました。つまり、「かなしみは、だれでも　もって　いるのだ。わたしばかりではないのだ」という事実です。

　　| 自らの力で成し遂げた自己課題の解決 |

〈学びの5step〉

　でんでんむしは、そこで「わたしは、わたしの　かなしみを、こらえて　いかなきゃ　ならない」と決意します。そして、もう嘆くのをやめたのでした。

　　| 自らの生き方についての自覚と決意 |

②　パッシブ・ラーニングからアクティブ・ラーニングへ

　以上のように、新美南吉はでんでんむしの姿を通して人と関わり合うことの大切さ、自己表現し、相互理解し合う大切さ、今日の言葉で言えば主体的・創造的・協働的な学びとしてのアクティブ・ラーニングの大切さを私達に切々と訴えかけてくる。

　そこでのポイントは、子供達が受動的な学びに終始するパッシブ・ラーニングから、当事者性をもった能動的学びとしてのアクティブ・ラーニングへの転換である。子供は自らの内にある道徳的問題を解決するために、その学びのための課題を明確にすることで能動的に取り組むことができるのである。

　自己表現しなかったら、どんなに考えていても、どんなに感じていても、その思いは他者に伝わらない。伝わり合わないのだから、それはとうてい他者には分かってもらえない。関わり合うことは自己表現する側に大きな気付きをもたらすと共に、その表現者同士が共感的理解に基づいて相互受容し合うことでもあるのである。わが国の近代倫理学の始祖として知られる和辻哲郎（1889〜1960年）の言う社会的存在、人と人との「人間(ジンカン)」に生きる「間柄的存在」[3]としての子供が、教室の中で互いに胸襟開いて語り合い、自らの在り方や生き方を振り返り、これからを展望していく時間としての道徳授業では、やはり意図的に関わり合う、表現活動し合う学習の場となるよう最大限の配慮と工夫に傾注すべきである。

③　道徳は独り学びでは実現しない

　個々の子供の道徳的成長を視座した時、果たして集団的学びは必要なのかと訝しがる向きもあろう。個々の日常的道徳生活における道徳的体験だけで十分なのではないか、敢えて学校教育の場、教室での道徳科授業を座学でする必要があるのかと考えるのも当然である。

　子供が自らの内に培う道徳性というのは、極めてプライベートなものである。これを教室の集団学習の場に持ち込んで何の意味があるのかと懐疑的になるのも理解できるところである。しかし、再度自らのこととして自問してほしい。自分自身がこれまで歩んできた人生の中で、どのような時に道徳性に変化が生じたのであろうか。つまり、道徳的な学びを感じた場とは、どんな状況だったのかと問いたいのである。きっと、多くの場合は自分がこれまで当然だと思っていたことが「？」と感じたり、「こんな考えもあったのか」と驚いたり、「人それぞれに捉え方が違うなあ」と実感したりした時ではないだろうか。同じ道徳的体験をしても、その受け止めは十人十色、人の数だけ捉え方は千差万別である。そんな状況下に置かれた時、人はこれまでの道徳的なものの見方・感じ方・考え方を問い直し、新たに得心できる在り方や生き方を見出すのである。これこそが道徳的成長である。

　ならば、学校の教育課程の1教科として道徳的問題について意図的に集団思考する道徳科授業に教育的意味がありはしないであろうか。昨今の道徳科授業は、「議論する道徳、深く考える道徳」といったインパクトのある表現をされるが、そこで大切なのは素朴な語り合いを通して、自分とは異なる他者の道徳的なものの見方・感じ方・考え方に触れる過程を経て自らの価値観を問い直すことが第一義であろうと考えるものである。

2　道徳科では意図的・計画的・発展的な指導となるよう配慮する

　小・中学校学習指導要領「第3章　特別の教科　道徳」の「第3　指導計画の作成と内容の取扱い」には、「各学校においては、道徳教育の全体計画に基づき、各教科、総合的な学習の時間（☆小のみ外国語活動、総合的な学習の時間）、及び特別活動との関連を考慮しながら、道徳科の年間計画を作成するものとす

る」と明記されている。道徳教育はややもするとイデオロギー論や心情論で語られがちであるが、学校の教育課程に明確に位置付けられた教育活動である点をしっかりと自覚しながら指導にあたることが何よりも重要である。子供の人格形成に直接関与できる教育活動こそ、道徳科授業なのである。

（1）道徳教育全体計画と道徳科カリキュラム

前章で触れた「価値達磨構想」の基本的な考え方は、道徳教育や道徳科授業を通して培う道徳性とは子供一人一人の内面において偏りなく調和的に形成されることで、個の人格的成長を促進するトータルな資質として作用することを意味するのである。この人格的成長を促す「資質」という考え方こそ個の成長を支える人間力であり、道徳力そのものである。その資質が発揮されるために知識理解・思考・判断といった道徳的判断力、道徳的感性や共感性としての道徳的心情、実践意思力や実践スキル等の道徳的実践意欲と態度、これらがトータルな道徳力としての資質を支える部分的パーツとしての「能力」として発揮され、道徳的価値観形成が促されることになるのである。これらは計画的・発展的にバランスよく育まれないと偏りを生じてしまうこととなる。ゆえに、学校における道徳教育全体計画、道徳科指導計画といったカリキュラム作成とその継続的改善を図るカリキュラム・マネジメントが重要になってくるのである。

小・中学校学習指導要領解説「特別の教科　道徳編」では、指導計画作成の方針と推進体制について「各学校においては、道徳教育の全体計画に基づき、各教科、外国語活動、総合的な学習の時間及び特別活動との関連を考慮しながら、道徳科の年間指導計画を作成するものとする」と説明されている。

学校の全教育活動を通じて行う道徳教育、道徳科授業は、道徳教育目標を達成するために行うものであることから校長が道徳教育の方針を明確に示し、自校の道徳教育推進をリードして担当する「道徳教育推進教師」を中心に全教職員で計画を作成していくことが大切である。その際、学習指導要領の第2に示された各段階の内容項目は総て取り上げること、子供や学校の実態に応じて重点的な指導や内容項目間の関連を密にした指導、ひとつの内容項目を複数時間で扱う指導等、工夫をすることが求められる。

　年間指導計画に盛り込まれると想定される内容は、「各学年の基本方針」、「各学年の年間にわたる授業概要」である。特に年間にわたる各授業概要については、①指導時期、②主題名、③その時間のねらい、④教材、⑤主題設定の理由、⑥学習指導過程の大要と方法、⑦他教育活動との関連について、⑧校内での協力指導体制や地域との連携、改善策を記述するカリキュラム評価欄等である。

　このような学校における道徳教育全体計画や年間指導計画の作成、日々の道徳実践において中心となる「道徳教育推進教師」の役割に期待したい。

道徳教育推進教師の役割　　＊小・中学校学習指導要領解説「道徳編」より

①道徳教育の指導計画作成に関すること。

②全教育活動における道徳教育の推進、充実に関すること。

③道徳科の充実と指導体制に関すること。

④道徳用教材の整備・充実・活用に関すること。

⑤道徳教育の情報提供や情報交換に関すること。

⑥道徳科の授業公開など家庭や地域社会との連携に関すること。

⑦道徳教育の研修の充実に関すること。

⑧道徳教育の評価に関することなど。

　各学校での道徳教育推進を意図的・計画的に進めていくためには、そこで目指す目標や具体的な児童・生徒像を予め明確にすることである。それを体現したのが道徳教育全体計画であるが、それが単なる形式的記述に留まっていたのでは用をなさない。そのためには、教科教育、教科外教育、教育課程外教育を問わず、各々の教育活動を通して道徳教育にどう関与し、どう推進していくのかという具体的な内容や連携指導方法等を書き記した指導計画の「別葉」を作成して、生きた道徳教育プランとなるようにしていくことが大切である。

　また、道徳科年間指導計画についても PDCA サイクルを常に意識して実践し、自校の子供達にとってより最良の指導計画となるよう、日々カリキュラム・マネジメントを継続していく必要がある。

表3-1 子供の自己評価を生かしたカリキュラム・マネジメント例

【今日のテーマのふり返り】＊今日の道徳で考えたことを自由に書いて下さい。
（記入欄）

《教材「手品師」についてのふり返りシート》
自己評価：A.とてもできた、B.だいたいできた、C.あまりできなかった

①手品師の心の迷いが読み取れましたか？　　［　　　　　］
②手品師についてみんなで話し合っていることが分かりましたか？　　［　　　　　］
③自分から進んで話合いに参加して考えたり、発言したりできましたか？　　［　　　　　］
④自分ならこうするという考えがもてましたか？　　［　　　　　］
⑤この手品師について、もう少しみんなで考えてみたいと思いますか？　　［　　　　　］

（2）アクティブ・ラーニングで多様な学習展開を工夫する

　道徳科のベースとなるものは何かと、そんなことを考えたことはないだろうか。道徳科授業は、ただ学校の時間割の中の1時間として存在するのでない。道徳科の前提は子供達の日々の日常的道徳生活の中にあるのである。それを指導すべき内容項目に沿って取り出し、教材を通した語り合いや自己内対話を通して意図的・計画的・発展的に深めたり自覚化させたりし、再度それを生きて働く力としての道徳性を子供の日常的道徳生活に戻してあげるところに意味があるのである。よって、それは生きた学び、つまりそれは主体的・能動的・創造的・協働的なアクティブ・ラーニングの道徳的学びでなければならないであろう。

　このようなアクティブ・ラーニングの視点に立つなら、学校における各教科等での学習や様々な体験活動、さらには子供達の日常的な道徳生活等々との関わりを具体的な関連性をもって工夫のある指導をすることが大切になってくる。特に、年間指導計画作成時に設定する主題については、様々な教育活動各教科等との関連を図ることで指導の効果が高められる場合は、指導の内容および時期を配慮して位置付け、全教師が具体的な指導の見通しをもつことができるよ

うにしていくことが欠かせない。例えば、集団宿泊的行事での自然体験活動、勤労生産・奉仕的な行事でのボランティア活動等は道徳性を養う上でまたとない機会となる。それらと関連付けた複数時間で構成するパッケージ型ユニット（小単元）での指導も効果的である。

　特に、今日的な喫緊課題である「いじめ」をテーマにしたような場合、それに迫るためには、従前であれば「友情、信頼」といった内容項目、あるいは「思いやり」とか、「勇気」とか「節度、節制」といった単一の内容項目という窓口を通して追求することが一般的であった。しかし、これではあまりにも断片的過ぎて子供達の心になかなか響きにくい。もちろん、現代的課題と呼ばれるテーマ、いじめ、生命の大切さ、環境保全、福祉や健康、情報モラル等々もすべて同様である。ならば、「いじめ」を一例にすれば、どのようなパッケージ型ユニットが組めるのであろうか。

　図3-3は、特定のテーマに沿って複数時間で授業構想したパッケージ型ユニット（小単元）モデル型である。

図3-3　パッケージ型ユニット（小単元）のプログラム構想例

パッケージ型ユニットとそのテーマが一貫する道徳的学びについて

◆ねらい：そのパッケージ型ユニットで意図するテーマの到達目標をまず設定
◆評　価：パッケージ型ユニットを通して見取る子供個々の具体的な道徳的学びの事実を決定。
◆パッケージ型ユニットとしての指導プロセスの策定。
　☆想定しているのは、下記のような指導プロセスを複数時間で策定するという構想である。

第1段階／ユニットで目指すテーマの提示と共通追求課題の設定および共有（追求課題設定）

第2段階／テーマに迫る追求課題に関する道徳的価値の検討とその理解（共通解の共有）

第3段階／テーマに迫る追求課題に関する多面的・多角的な道徳的諸価値についての検討と理解および道徳的実践への可能性の検討（共通解の深化）

第4段階／個の主体的な意思に基づく道徳的諸価値の実践化に向けた検討（納得解の自覚）

☆パッケージ型ユニットでのプログラムを一貫することで、テーマとなる道徳的学びの深化を通じてねらいとする道徳的価値に関する「共通解」について了解し、さらに多面的・多角的に関連する道徳的諸価値を意味付けながら、ならば自分は共通解として理解したことを基にどうしていきたいのかという自分事としての納得解へまで高めることが可能となってくる。

　このようなユニットは、子供達にとって切実で身近な内容であるだけに、例え週１時間の授業であっても、テーマが内包する問題が強烈であるならその課題意識は次の時間までしっかりと継続される。むしろ、前時と本時との間に横たわる１週間の子供達の日常的道徳生活は、自らの課題を繰り返し自問する時間として作用し、結果的に道徳的学びの深化・発展に寄与することとなるのである。

　道徳科におけるアクティブ・ラーニングは、ただ子供達が主体的に活動すればよいということではない。道徳科アクティブ・ラーニングで重視しなければならないのは、教師と子供、子供相互が胸襟開いて語り合い、考えを深め合い、自分なりの「納得解」を見付けることである。つまり、道徳科アクティブ・ラーニングは「語り合い（議論）、深め合う（考える）」学び活動を通して「子供の頭が働き、心が動く」ことなのである。

　図３−４はパッケージ型ユニットの発想を取り入れたアクティブ・ラーニング型授業デザインするためのプロセスを示したモデル図である。そこでの子供の学びの創出（アクティブな授業）は、テーマに基づいて関連する内容項目とそこで用いる教材を工夫して連続的に組み合わせることで立派なユニット（単元）、として機能することを示したものである。そこでのメリットは、多様な視点から価値を積み重ね、多面的・多角的にテーマとして道徳的課題を追求することによって、道徳的問題についての理解も、思考や判断も、日常生活への敷衍についても、１単位時間完結型授業を繰り返すよりも数段深い学びになることである。

　もちろん、道徳科授業は年間35時間しかないわけで、いくらユニットと称しても２〜４時間程度の複数時間でのテーマ型授業を組み込むことには限界がある。しかし、１単位時間完結型授業が主流だった従前に比べ、その学習効果や実効性ある道徳科授業への転換の意味は大きいと考える。このような授業デザインは、１時間の授業では複眼的に道徳的問題を学習課題にして追求することが難しいものを子供一人一人の内面で継続的かつ調和的に道徳的学びとして実現できるという点であると考える。「アクティブ、そしてディープ・ラーニングな学び」、これがこれからの道徳科授業のキーワードである。

図3-4　アクティブ・ラーニング型道徳授業デザイン

| パッケージ型ユニットテーマの設定 |

例：●いじめについて考えよう。
　　●身近な環境保全を考えよう。

ステップⅠ

テーマに関わる道徳的問題への気付き

例：●いじめはどうしていけないのか？
　　●環境破壊はどうして問題なのか？

ステップⅡ

テーマに関わる道徳課題の設定と共有化

例：●いじめは誰がどう傷つくのか？
　　●なぜ環境保全は大切なのだろうか。

ステップⅢ

テーマに関わる道徳的問題への気付き

《テーマへの多面的・多角的な課題追求》

例：●いじめを善悪判断、節度・節制、思いやり、友情、相
　　　互理解、公正・公平、家族愛、よりよい学校生活、生
　　　命の尊さ等の視点で多面的・多角的に考えると？
　　●環境保全を公徳心、公共の精神、郷土愛、愛国心、国
　　　際理解、自然愛護等の視点から多面的・多角的に考え
　　　ると？

ステップⅣ

テーマにかかわる道徳的諸価値の理解・共有・自覚化

《集団思考活動で導き出した道徳的価値について確認し、共有化する》

例：●いじめは個の尊厳を踏みにじる卑劣な許されない行為
　　　だ。
　　●未来の時代を生きる人々のためにこの地球環境を守る
　　　ことはとても大切だ。

ステップⅤ

テーマにかかわる道徳的実践への共有化

例：●いじめが起こらないようにみんなで取り組もう。その
　　　芽を摘み取ろう。
　　●まず、身近な環境保全から始めよう。

（3）問題解決的に体験的に自我関与できる道徳科授業を創る

　従前の「道徳の時間」の指導方法は、とかく形式的な制約が設けられがちであった。教材を分割して提示することの是非、道徳的実践にまで踏み込んだ指導の是非、内面的資質としての道徳的実践力と道徳性との解釈の是非、定型的な指導過程に基づかない授業展開の是非、等々を巡って何かと自己規制されてきたのも、まさしく道徳の時間であった。言わば、「裃を着た道徳授業」が支配的であった。これらの改善こそが、道徳科に課せられた大きな課題である。

①　考え深めることができる道徳科授業へ改善する

　平成26（2014）年10月21日に示された中央教育審議会答申「道徳に係る教育課程の改善等について」では、「学校における道徳教育は、児童生徒一人一人が将来に対する夢や希望、自らの人生や未来を切り拓いていく力を育む源となるものでなければならない」と述べられながら、各学校の道徳教育の現状について3つの問題点を挙げ、全体としては未だに不十分な状況にあると結論付けている。そして、その問題点改善への視点を次頁のように示している。

　この答申で指摘された問題点の解消に向け、一部改正小・中学校学習指導要領「第3章　特別の教科　道徳」の「第3　指導計画の作成と内容の取扱い」2の（5）では、以下のように述べられている。

> （5）児童（生徒）の発達の段階や特性等を考慮し、指導のねらいに即して、問題解決的な学習、道徳的行為に関する体験的な学習等を適切に取り入れるなど、指導方法を工夫すること。その際、それらの活動を通じて学んだ内容の意義などについて考えることができるようにすること。また、特別活動等における多様な実践活動や体験活動も道徳科の授業に生かすようにすること。

　ここでポイントは、2点ある。1点目は、子供の発達の段階や特性等を考慮した指導方法を工夫するということである。そして、その指導方法の前提は「発達の段階」ということである。つまり、「発達段階」と称した場合は集団的特性として理解し、その人格的発達過程における顕著な傾向性を踏まえることを意味するが、「発達の段階」と言った場合は、十把一絡げ的な集団的傾向性

中央教育審議会が指摘する道徳指導の問題点と改善の方向性　＊答申より

a．道徳教育の要である道徳の時間において、その特質を生かした授業が行われていない。
b．発達の段階が上がるにつれ、授業に対する児童生徒の受け止めがよくない。
c．学校や教員によって指導の格差が大きい。

●**内省し、熟考し、自らの考えを深めていく**
　道徳教育においては、児童生徒一人一人がしっかりと課題に向き合い、教員や他の児童生徒との対話や討論なども行いつつ、内省し、熟慮し、自らの考えを深めていくプロセスが極めて重要である。
●**実際の経験や体験も生かしながら児童生徒を考えさせる**
　「特別の教科　道徳」のねらい達成に向け、言語活動や多様な表現活動等を通じて、実際の経験や体験も生かしながら、児童生徒に考えさせる授業を重視する必要がある。
●**見通しをもって主体的に考え、学ぶことができる**
　「特別の教科　道徳」の目標や指導のねらいに即し、一人一人が見通しをもって主体的に考え、学ぶことができるよう、その内容を学ぶことの意義を理解させたり、学んだことを振り返らせたりする指導が重要である。
●**1単位時間につき、ひとつの内容項目に限定しないことがあってもよい**
　「特別の教科　道徳」において、その特質や児童生徒の実態も踏まえつつ、例えば、授業1単位時間につき、ひとつの内容項目に限定するのではなく、複数の内容項目を関連付けた指導を行うことや、ひとつの内容項目を複数の時間で扱うような指導を行うことなどもあってよい。
●**計画的な指導を行うなどの工夫が求められる**
　「特別の教科　道徳」を要として、関連する各教科等での指導や家庭との連携を密にした計画的な指導を行うなどの工夫も求められる。
●**道徳的行為に関する指導・問題解決的な学習・体験的学習・具体的動作や所作の在り方等に関する学習などの指導が重要である。**
　指導のねらいに即し、適切と考えられる場合は、「特別の教科　道徳」において、道徳的習慣や道徳的行為に関する指導、問題解決的な学習や体験的な学習、役割演技やコミュニケーションに係る具体的な動作や所作の在り方等に関する学習などの指導を、発達の段階を踏まえつつ取り入れることも重要である。

を踏まえて眼前の子供一人一人を理解して指導するということである。ゆえに、毎時間の道徳科授業にあっては、指導のねらいに即して子供個々の「発達の段階」を踏まえた指導方法となるように、「問題解決的な学習」とか「道徳的行為に関する体験的な学習」等を適切に取り入れていくことが実効性あるものとするためには必要なのである。

　もう１点のポイントは、子供の「発達の段階」に即して展開された道徳科授業を通じて学んだ道徳的諸価値についての内容やその実践化への意欲・態度等を具体化する活動も見通して指導できるようにしていく必要があるということである。道徳的学びは道徳的諸価値の理解と実践意思力としての内面化に留まっていたのでは、その力を発揮しようがない。特別活動や朝の会、帰りの会、給食活動、清掃活動、部活動等々の教育課程外教育の場も含めて多様な実践活動やさらなる体験活動ができるようにしていくことが重要である。そして、そこでの道徳的体験がまた道徳科授業にフィードバックされることで確かな道徳性、つまり道徳的実践力としての「道徳力」が育まれるのである。

　②　問題解決的な学習、道徳的行為に関する体験的な学習等とは何か

　道徳科授業における「問題解決とは何を意味するのか」、またそこに「的」という接尾語が付くとその学習はどのような意味をもって展開されるのであろうか。

　まずは「問題」の捉え方であるが、学校の試験や入試等、決まった正答がある問いに対して解答を必要とするクエスチョン（question）なのか、それともプロブレム（problem）といった類いを意味するのであろうか。そうであれば、道徳科授業の中ではその「解」、つまり道徳的価値に基づく「特定化された明確な望ましさ」を見出せるような指導展開が必要となってくる。つまり、特定の枠にあてはめるという道徳科の目標とは真逆なこととなってしまう。

　ならば、サブジェクト（subject）やイシュー（issue）といった意味でも考えられよう。例えば、道徳的な語り合いのための主題という意味であればサブジェクトが適切であろうし、容易に「納得解」が見出せないような論点ということであればイシューが適切なのかもしれない。ただ、小・中学校学習指導要領解説「特別の教科　道徳」の第２章「第２節　道徳科の目標」に述べられている道徳科授業の特質を捉えていくと、自ずと答えは見えてこよう。

　そこには、「道徳科の授業では、特定の価値観を押し付けたり、主体性をもたずに言われるままに行動するよう指導したりすることは、道徳教育の目指す方向の対極にあるものと言わなければならない。多様な価値観の、時に対立がある場合も含めて、自立した個人として、また、国家・社会の形成者としてよ

りよく生きるために道徳的価値に向き合い、いかに生きるべきかを自ら考え続ける姿勢こそ道徳教育が求めるものである」と明確に記されている。

　ならば、「問題解決」とは単なる解答探しではなく、容易には辿り着けないより善い人間としての在り方や生き方を生涯追い求める「道徳課題」ということになろうと考えられよう。それに「的」が付くのであるから、道徳課題を追求することを学ぶ場として道徳科授業を位置付ける意図が見えてくる。要は、「他者と共によく生きる」ことを道徳科授業で学ぶために子供達へ意図的に課す課題（task）といった受け止め方が現実的であろう。

　このように問題解決的な学習を通して、子供達はこれから続く自らの生涯の生き方の基礎を学ぶために義務教育9年間を費やして考え続ける場として道徳科授業を受け止めていくことができよう。それは道徳的問題に対して多面的・多角的に考え、判断し、適切に表現できる汎用的資質・能力を培う場、実効性ある道徳性を身に付ける場に他ならない。

　もう1点、「道徳的行為に関する体験的な学習」についてであるが、その意図は「形式的な指導に陥っている」とか、「学年段階が進むにつれて受け止めが悪い」といった批判への対応と考えるのが妥当であろう。毎時間の道徳授業では、子供一人一人が将来的に遭遇するであろう様々な道徳的問題へ対し、自らの在り方や生き方に関わる切実な問題に対処のための構えや方法を「自分事」として身に付けられるような学習展開を工夫することが重要なのである。

　つまり、子供一人一人の「主体性と当事者性」を発揮させることで、「生きて働く道徳力」を育成できるように毎時間の授業構想をすることが必要なのである。当然、そこには道徳科授業を要として学校の全教育活動と有機的かつ緊密に連携することで道徳的問題を解決できるような資質・能力を育成するための「学びの仕掛け」が必要である。道徳科授業で取り上げた道徳的価値を多面的・多角的に課題追求できるよう、他の教育活動での学習課題も明確化して展開し、子供に「自分事」という意識をもたせることで総合的に思考したり、実践したりできるよう、主体性や当事者性を発揮できるような「道徳的学びの仕掛け」を工夫していくことが重要なのである。

③　問題解決的にアクティブな道徳科学習を創る

　今般の小・中学校学習指導要領では、子供の主体的、能動的、協働的に学び合うための方法論的視点としてアクティブ・ラーニングが重要視されている。単なる授業活性化のための手立てではなく、子供一人一人が授業の中で多様な感じ方や考え方に接しながら、自らの道徳的なものの見方・感じ方・考え方を深化させるプロセスを実現できるような授業構想法を考えなければならないのである。

　一見すると、子供はとても楽しそうに互いに関わり合いながら活動しているようだが、その内容に耳を傾けると道徳的課題に対して全く皮相的な思考に留まっているといった場面はよく散見されることである。つまり、「活動あって学びなし」の道徳科授業となっているようなことが往々に生じてしまうのである。それでは、道徳科授業を設定する意義を失いかねない。道徳科では、子供一人一人が道徳的課題を追求する意図を明確に共有し合って語り合えるなら、それは外面的な活発さのあるなしにかかわらず多様な道徳学習が展開されていると理解すべきなのである。つまり「頭が働き、心が動く」、これこそが道徳科アクティブ・ラーニングのあるべき姿である。以下に、文部科学省の「道徳教育に係る評価等の在り方に関する専門家会議」（2015年12月）で検討された「特別の教科　道徳」の指導方法パターン例を参考に補足・類型化して示したい。

A.　読み物教材中の人物へ自我関与させて進める授業

　道徳教材に描かれた登場人物の心情を自分との関わり、つまり自分事として多面的・多角的に考えること等を通して、ねらいとする道徳的価値の理解と自覚を深めさせる。単なる登場人物の心情理解ではなく、自我関与が大切である。

過　程	学　習　活　動
導　入	①本時で扱う道徳的価値についての方向付けをする。
展　開	②教材を介して登場人物への自我関与をし、道徳的な判断や心情面での類推を通して、自分との関わりで考える。 ③個々に本時の教材を踏まえ、道徳的価値に関わる自分の在り方を交流し、共感し合う。
終　末	④教師による説話等の投げかけでまとめる。

B1．問題発見と問題解決で進める授業

　道徳教材を手掛かりに、道徳的価値に関わる問題解決的な学習を通して子供一人一人が生きる上で出会う様々な問題や道徳的課題を主体的に解決するために必要な能力・能力を養えるようにする。

過　程	学　習　活　動
導　入	①教材中や日常生活の中から、道徳的問題を発見する。
展　開	②読み物教材や具体的事例を示した教材を基に道徳的問題を多面的・多角的に課題探究する。 ③問題の探究を踏まえ、それに対する自分なりの考えや解決方策を導き出す。
終　末	④本時のまとめとして、探究したことを今後の生活にどのように生かすことができるかを考える。

B2．複数の問題解決とシミュレーションで進める授業

　ねらいとする道徳的価値について問題解決事例を通して多面的・多角的に考え、シミュレーションを交えながら検討して具体的な生活への援用しようとする意欲を喚起できるようにする。

過　程	学　習　活　動
導　入	①個人的な道徳的経験や具体的な事例を通して、道徳的価値について考える。
展　開	②教材を通して道徳的問題状況を詳しく分析し合う。 ③問題場面を明確化し、様々な問題解決策を構想する。 ④問題解決策を具体的な生活場面を想定してシミュレーションし、再度自分の考えを見直す。
終　末	⑤今後の生活へどう生かせるかを考え、道徳的実践への意欲を喚起し合う。

B3．複数の問題解決策を構想し体験的に進める授業

　教材中の道徳的問題場面をしっかりと分析し、その解決策を構想したり、自分ならどうするかと体験したりして道徳的価値に対する理解や意義についての考えを深められるようにする。

過　程	学　習　活　動
導　入	①特定の道徳的価値を取り上げ、その意味や価値の意義を考える。
展　開	②教材を通して、道徳的な問題状況を分析する。 ③分析した問題状況について、様々な解決方策を構想する。 ④解決方策について自分ならどうするのかと役割演技や実際的な体験をしてみる。

終　末	⑤導入で取り上げた道徳的価値に対する問いについての自分なりの結論を導き出す。

C1. 役割演技で体験的な学習として進める授業

　教材に描かれた道徳的状況を再現して多面的・多角的に考え、それらを他の問題状況にも応用しながら演じて問題解決が図れるようにする。また、演技後の感想や考え等の交流を通じて、自らの取り得る行動等についても考えさせる。

過　程	学　習　活　動
導　入	①教材の概要や登場人物の関係等の確認を行う。（教材提示）
展　開	②提示された道徳的な問題状況を把握する。（状況把握） ③道徳的問題場面を実際に再現し、登場人物の内面的な葛藤や取り得る行動を多面的・多角的に考える。（再現の役割演技） ④提示された同様の新たな問題場面を考え、取り得る行動選択を多面的・多角的に考える。（応用的問題状況の提示） ⑤新たに提示された問題場面について取り得る行動を役割演技して再現し、解決を図る。（問題解決の役割演技）
終　末	⑥演じての感想や考えをシェア（共有）し合い、書く活動等で自分の取り得る行動について振り返ってまとめをする。

C2. 道徳的行為を中心に体験的な学習として進める授業

　分かっていてもできない道徳的価値について教材を通して考え、行為に関する実体験を通しながら実生活での実践の見通しがもてるようにする。また、実体験を経ての感想等を交流したり、考えたりして実践化を図れるようにする。

過　程	学　習　活　動
導　入	①提示された道徳的価値内容（分かっていても実践できないような）を想起して理由を考える。
展　開	②提示された教材内容を基に登場人物の行動に思い至らせ、行動の意味やそこでの気持ちについて考える。 ③教材中の人物が容易に実践できない気持ちや行動につなげる難しさを考えることで、普段の自分の行動を振り返る。 ④ここまでの学習を踏まえ、道徳的問題場面を設定して行為する実際を体験し、実生活での実践への見通しをもつ。
終　末	⑤体験した感想をシェア（共有）したり、今後の生活でどう生かせたりできるかを考えてまとめる。

　道徳科授業で「問題解決的な学習」を展開して行く上で重要なことは、1時間の授業の中で子供一人一人が自らの問題として道徳的課題を捉え、「頭を働かせ、心を動かす」ことができるということである。

　これが授業の中で体現できているなら、それこそ「考える道徳、議論する道徳」になっていると胸を張れるであろう。アクティブ・ラーニングが徐々に各学校の各教室へ浸透することは、道徳科授業の多様な展開という面でとても歓迎されるべきことである。ただ、留意したいのは子供が活発に発言し合っているから本時のねらいを達成しているとか、子供が互いに自分の考えを楽しそうに語っているから本時授業は大成功といった学習形態の多様さを競うような皮相的なものであっては道徳科が目指す理念とは合致しないことになる。

④　道徳教材を多様に活用することでアクティブな道徳科授業を創る

　道徳科授業が従前と比べて多様に考えられるようになったことが、学習指導要領一部改正に伴う大きな改革的特徴である。つまり、実効性の伴う道徳科授業を目指すなら、当然そこで用いられる道徳教材が具備すべき要件も変わらざるを得ないのである。

　従前は教育課程の一領域であるという立場から、敢えて道徳教材を道徳資料と称していた。教科になって、改めて「教材」と称するようになった経緯がある。では、なぜ道徳の授業では資料（教材）が用いられてきたのであろうか。

A．忌憚なく自分の価値観を語るための道徳教材

　その事由は何点かあるが、最大の理由は「間接性の伴う道徳的追体験」のためである。この点について、文部省教科調査官として道徳教育推進に多年携わった青木孝頼（1978年）は、「ねらいとする道徳的価値が実現されている（もしくは実現することに失敗したものもあるであろう）道徳的な行為の1事例を通して、その主人公が特定の条件のもとに道徳的価値を実現していこうとする考え方の変遷、気持ちの移りかわりを学習することによって、望ましい価値を追求させるほうがはるかに効果的である。ここに道徳指導における資料の存在意義があるものと考えられる」[4]と端的に述べている。また、同時期に中学校道徳担当教科調査官を務めた井上治郎（1990年）は、「道徳授業は、さまざまな道徳問題に直面しつつ、人それぞれの道徳をつくりつつある子どもたちの生活現

場を教室に再現し、これを通じて子どもたちに、お互いの道徳を突きあわせる機会を提供してこそ生きると考えている。道徳資料とは、その意味では、学級にはいない第三の級友が、しかるべき道徳問題にいかに対処したかの具体的な事後報告をもって最上とするという考えなのである」[5]と指摘し、教材中に描かれた人物の振る舞い方の是非を間接話法の形式で批評し合うことで子供は自らの道徳的なものの見方・感じ方・考え方を素直に披瀝し、遠慮のない相互批判を可能にできると主張するのである。現実の学級内の道徳的問題をそのまま取り上げて議論し合い解決するのはリアルであるが、それでは当事者を前にして遠慮したり、しがらみから本音を語れなかったりすることとなる。ゆえに、井上の言葉を借りれば、「特殊具体の状況において特殊具体のだれかれが生きたさまをさながらに描いたもの」として道徳教材は子供一人一人が遠慮なく自分を語るための「隠れみの」あるいは「マスク」の役割を果たすのである。

　「道徳の時間」特設当時に指導的な役割を果たした勝部真長（1969年）は、「しょせん、資料は、生徒一人一人の心を磨く『とぎぐさ』にすぎない、資料の役割は、『たわし』か『垢すり』のようなものである。それによって生徒の心が磨かれるかどうかが第一義の事柄である」[6]と、授業中に道徳教材を用いる意味を具体的かつ平易に述べている。

　今次の小・中学校学習指導要領「第3章 特別の教科 道徳」の「第3 指導計画の作成と内容の取扱い」3の（1）には、「児童（生徒）の発達の段階や特性、地域の実情等を考慮し、多様な教材の活用に努めること。特に、生命の尊厳、自然、伝統と文化、先人の伝記、スポーツ、情報化への対応等の現代的な課題などを題材とし、児童が問題意識をもって多面的・多角的に考えたり、感動を覚えたりするような充実した教材の開発や活用を行うこと」と述べられている。

　今後は、このような観点に立っての道徳教材開発や活用方法改善が進められるであろう。そのためには、日頃から多様なメディアや書籍、身近な日常生活で見出される出来事等に常に関心をもっていることが大切である。同時に、「道徳の時間」時代から継承された先人による道徳教材観をもう一度噛みしめ、さらに道徳教材に対する柔軟な発想をもって広い視野から教材発掘する姿勢がますます求められよう。

B．道徳教科書だけでなく教材開発・発掘も大切である

　道徳科では道徳教科書が用いられる。しかし、道徳教科書は文部科学省内の教科用図書検定調査審議会第10部会（道徳部会）で検討された教科書検定基準に則って各教科書会社で編纂され、検定および採択の手続きを経て全国の子供達の手に無償配布される。その意味で、国家基準（ナショナル・スタンダード）に基づいた教科書であり、地域文化や郷土の偉人といった子供達の身近な生活に根ざした道徳的事柄や素材等が生かされにくい。道徳教科書で網羅できない部分を補う意味でも、新たな教材開発は急務となってくる。

　以下は、学習指導要領に示された教材開発や教材選定時の目安となる観点である。それらは同時に、道徳科の教材が具備すべき要件でもある。

道徳教材開発および選定のための観点

◆子供が道徳的価値について問題意識をもって多面的・多角的に考えたり、感動を覚えたりすることができるような充実した道徳教材であるために。

↓

前提：教育基本法や学校教育法その他の法令に従い学習指導要領の内容に照らし適切と判断されるものであること。

↓

ア．児童（生徒）の発達の段階に即し、ねらいを達成するのにふさわしいものであること。

イ．人間尊重の精神にかなうものであって、悩みや葛藤等の心の揺れ、人間関係の理解等の課題も含め、生徒が深く考えることができ、人間としてよりよく生きる喜びや勇気を与えられるものであること。

ウ．多様な見方や考え方のできる事柄を取り扱う場合には、特定の見方や考え方に偏った取扱いがなされていないものであること。

　学習指導要領では道徳科の教材を開発・発掘するにあたっては、子供一人一人が問題意識をもって多面的・多角的に考えたり、共感や感動を覚えたりすることができるような多様性あるものを求めている。

　例えば、生命の尊厳を取り上げる場合は生ある総てをかけがえのないものとして尊重して大切にすることが描かれており、子供が発達の段階に応じて考えられるような教材が望ましいであろう。また、自然を主題にした教材では、その美しさや偉大さ、不思議さ等々を感性に訴えながら迫れる教材が望まれよう。さらに、わが国の伝統と文化を主題とした教材では、有形無形にかかわらず、その美しさ、その価値への誇りや愛情を感じさせるような教材であることが期

待されるであろう。　同様に先人の生き方を描いた伝記には多様な生き方が示され、そこには生きる勇気や叡智、人間としての弱さを克服して生きる姿も描かれているはずである。それらが子供達に「生きることの素晴らしさやその意味」を深く考えさせることになろう。

　そのようなことから、小・中学校学習指導要領解説「特別の教科　道徳」には、「スポーツを題材とした教材は、例えば、オリンピックやパラリンピックなど、世界を舞台に活躍している競技者やそれを支える人々の公正な態度や礼儀、連帯精神、チャレンジ精神や力強い生き方、苦悩などに触れて道徳的価値の理解やそれに基づいた自己を見つめる学習を深めることが期待できる」[7]と述べられているのである。

　また、同解説では、現代的課題についても言及している。生命、環境保全、貧困、人権、平和、開発、公正・公平、社会正義、国際親善等々の問題は「答えが多様で正答の定まらない問い」である。しかし、これからの未来社会に生きる子供達には放置できない重要かつ喫緊課題でもある。その「納得解」を見出すためには、やはり多面的・多角的な視点から本質に迫るための主体的に探究する学びが求められるのである。

　また、今日の学校教育では情報教育、食育、健康教育、消費者教育、防災教育、福祉に関する教育、法教育、社会参画に関する教育、伝統文化教育、国際理解教育、キャリア教育等が社会的レリバンス（relevance：教育内容としての適切性）として様々な教育活動の中で取り上げていくことが求められる。その際、留意しておきたいことがある。それは道徳科の本質を外さないということである。例えば、「情報化」への対応を主題とした道徳教材は、発達の段階に応じて一貫して取り上げることが重要となってくるであろうが、その指導で単に情報機器の操作や活用等についての注意喚起のみで留まったら、果たしてそれは適切なのであろうか。情報化社会での問題では活用する人間の内面、例えば「節度、節制」や「規則の尊重」、「思いやり」、「友情・信頼」、「誠実」等々の道徳的価値との関わりで指導しなかったら、それは皮相的なもので終わってしまうであろう。現代的課題に関わる道徳教材の活用については、道徳的価値に照らして考えを深めさせていくことが大切である。

C．道徳科の教材活用を多様に考えることも大切である

　様々な要件を満たして最終選定する道徳教材であるが、その活用は限定されているわけではない。同じ教材であっても、それを用いて授業を行う子供達の道徳的実態、学校が置かれた地域性等々を勘案するなら、指導計画立案の際に活用の仕方が変わってくるのは当然起こりうることである。多様な視点からの道徳教材活用を進めていきたいものである。

　一例として、いじめをテーマにした絵本『わたしのいもうと』（松谷みよ子：作／味戸ケイコ：絵　1997年　偕成社刊）を取り上げてみたい。既に小学校でも、中学校でも道徳教材として定評のある絵本でもある。

　この絵本の道徳教材としての優れた点は、子供にとって身近な事柄である「いじめ」がテーマとなって描かれた作品であり、テーマこそ重いが多様な道徳的価値が含まれているために様々な道徳的課題を設定しやすいことである。教材の中核となっている道徳的価値は「生命尊重」であるが、それを取り巻く様々な関連価値が複合的に関係し合っているために、いじめを越えて「生きる意味」を見つめさせ、自問させることができる作品でもある。

《教材　松谷みよ子作：絵本『わたしのいもうと』の概要》[8]

（絵本のあらすじ）

　小学校4年生の時に転校した妹。言葉がおかしいと笑われ、跳び箱ができないといじめられ、「くさい、ぶた」と罵られ、妹が給食を配ると誰も受け取ってくれません。誰一人口をきいてくれなくなり、一月たち、二月たち、遠足でもひとりぼっちだった妹。やがて学校へ行かなくなります。家に閉じこもった妹は、ご飯も食べず、口もきかず、黙ってどこかを見つめ、振り向いてくれなくなります。やせ衰えた妹は、母さんの必死の介抱で命だけは取り留めます。

　毎日がゆっくり流れ、いじめた子たちは中学生になってセーラー服で通います。しかし、妹はずっと部屋に閉じこもって本も読まず、音楽も聴かず、黙ってどこかを見つめ、振り向いてもくれません。そしてまた歳月が流れ、妹をいじめた子たちは高校生になりました。その頃、妹は折り紙を折るようになりましたが、やっぱり振り向いてはくれません。「つるを折っていると、あの子の心

が分かるような気がするの」と、母さんも隣の部屋で鶴を折ります。ある日、妹はひっそりと死にました。妹の棺には、花と一緒に鶴もすくって入れられました。そして、こんな言葉で作品は結ばれています。

「わたしを　いじめたひとたちは　もう　わたしを　わすれてしまったでしょうね　あそびたかったのに　べんきょう　したかったのに」

　なお、この絵本を道徳教材として用いる場合の提示方法であるが、絵本を直接読み聞かせる等の方法で行い、無断複写や画像で提示するといった著作権侵害とならないよう十分配慮していきたい。

《授業展開パターンA》

◆それぞれの登場人物の視点から心情に自我関与して追求する（主題名「命の尊厳」小学校高学年：内容項目D-(19) 生命の尊さの授業構成例）

●妹は口もきかず……黙ってどこかを見つめ、何を思っていたのだろう。

●抱きしめて一緒に眠り、子守歌を歌うお母さんはどんな気持ちなのだろう。

●ふざけながら外を通る同級生の声を妹や家族はどんな思いで聞いているのだろう。

●鶴を折っている妹、私、お母さんは心の中でどんなことを思っているのだろう。

《授業展開パターンB》

◆登場人物の行いに着目して話合いを組織化する（主題名「クラスの一員として」小学校高学年：内容項目は生命尊重を核にB-(10) 信頼、友情の授業構想例）

●転校生といった理由にもならない理由でいじめておいて、その後は忘れてしまうなんて同級生のしたことは絶対に許されない。（批判的な見方）

●いじめた側は勿論いけないが、この妹も何か自分で解決できることはなかったのか。（弁護的な見方）

●普段の学校生活では、いじめられたり、いじめたりと立場がいつも変わるので、一つ一つのことにいつまでもこだわっている方がおかしい。（現状肯定的な見方）

《授業展開パターンC》

◆問題解決型アプローチで価値追求する（主題名「さり気ない思いやり」小学校
　高学年：内容項目 B-（7）思いやり・感謝での授業構想例）

●この妹の死は、どんな理由によるものなのだろう。（問題状況の把握・分析）

●もし「いじめ」がなかったら、この妹はどんな人生を送ったのだろう。（仮
　説の形成）

●妹を死なせないようにするためには、どんな方法が取れただろうか。（仮説
　についての吟味）

●もし自分がクラスメイトなら、この妹にどう接するだろうか。（実践化方策の
　検討）

●妹の死を通して学ぶ人間の生き方の大切なこととは何だろう。（道徳的価値把
　握）

《授業展開パターンD》

◆多様な問題探究型アプローチで価値追求する（主題名「公正な生き方」小学校
　高学年：内容項目は生命尊重を核に C-(13) 公正、公平、社会正義で構想例）

★PISA型読解リテラシーを参考にし、判断の根拠の異なる意見文を提示する
　ことで論点を明確化して価値追求する。

●この妹について分かったことを書こう。（ワークシート①記入）

●妹の死について、太郎さんと花子さんは異なる意見を述べています。

《太郎》同級生が死に追いやったと思う	《花子》解決する方法はあったと思う
①何もしていない妹が学校へ行けなくなったのは、同級生の意図的差別が原因。②妹が死んだのは、人を信じられなくなって生きる希望をなくしたからだ。	①妹がいじめられた時、周囲の人たちが手を差し伸べれば問題は解決できた。②妹がまた学校に来られるよう、同級生が皆で話し合うべきだったと思う。

●論点が異なる意見のどちらに賛成しますか。また、その理由を書きましょう。
　（選んだ人の意見文に触れながら、自分の考えとその理由を書くことを指示する。）

●自分がクラスの一員だったら、この転校生にどう接しますか。それはなぜで
　すか。

《授業展開パターンE》

◆教科型道徳授業を意識して展開する（主題名「分かり合い、支え合うことの大
　切さ」小学校高学年：内容項目は生命尊重を核に高2−(2)思いやり・親切での
　授業構想例)

Ⅰ.「学習課題」の設定

　＊導入で本時の「学びのめあて」を子供達に明確にもたせる。

　●目の前で困っている人を見たらどうすべきなのか。

Ⅱ. 多様性を含む道徳的問題情報（資料）の提示

　＊教材で多面的かつ批判的視点から考えさせる。

　●この物語では、誰が誰に対してどうすべきだったのだろうか。

Ⅲ. 板書に沿った道徳的思考の深化

＊提示された教材を基に、子供は板書とノート（教科でのノート活用と同様）を
　フル活用しながら論点を明確化して自らの考え方を課題に沿って深める。

　●なぜこのような悲劇が起こってしまったのか、いろいろな人の立場で問題
　　点を整理してみよう。

Ⅳ. 学習によって捉えた道徳的価値の確認・整理

＊本時で捉えさせたい道徳的価値内容を子供達の発言に即して確認し、整理す
　る。

　●一人一人が尊重される社会にするためには、互いにどんなことを大切にし
　　ていけばよいのだろうか。

Ⅴ. 道徳的価値に照らして自己省察

　＊整理した道徳的価値に照らし、子供自身が生活を自己省察する。

　●「学習のめあて」をもとに、普段の自分をふり返ってみよう。

Ⅵ. 道徳学習成果の敷衍化

　＊本時での学びを確認し、日常生活へ敷衍化していくための意欲喚起をする。

　●今の自分にすぐ実行できるのは、どんなことがあるのだろうか。そのため
　　の方法は？

（4）道徳科では子供の学びに着目して評価する

　学校の全教育活動を通じて行う道徳教育も、道徳教育の「要
(かなめ)
」として毎週行う道徳科授業でも、そこで目指すのは、①子供一人一人が「自分事」として道徳的価値を理解し、②自分の日常的道徳生活との接点をもちながら道徳的価値に気付き、③これからの自分の在り方や生き方を意識しながら道徳的価値について自覚していけること、これに尽きる。そのための道徳評価である。よって、個人を集団や他者と比較してラベリングしたり、ランク付けしたりするといった差別化、選別のための評価であってはならない。

　小・中学校学習指導要領「第3章　特別の教科　道徳」の「第3　指導計画の作成と内容の取扱い」の4には、以下のように道徳教育評価の基本的な考え方とその方法が述べられている。

> 　4　児童（生徒）の学習状況や道徳性に係る成長の様子を継続的に把握し、指導に生かすよう努める必要がある。ただし、数値などによる評価は行わないものとする。

①　道徳教育評価と道徳授業評価とを区別して考える

　教育活動を実施すれば、その裏返しの関係として「評価（evaluation）」が伴うのは当然である。また、学校教育が社会的な説明責任（accountability）を遂行する上でも、道徳評価は不可避なのである。ましてや、道徳授業が学校の一領域から特別の教科となったのであるから、当然これまでの指導とは異なってくるであろうし、その評価方法も教科教育に倣うのが妥当であろう。つまり、きちんとした道徳科指導を行うためには、表裏一体の関係性をもっての道徳科授業評価なしにはあり得ないのである。

　道徳科授業では学校教育の様々な場面で断片的に行っている道徳指導での不十分な点を意図的・計画的な視点から補充し、教材を駆使しながら特定の内容項目に焦点化して深化し、学び手である子供一人一人が自らの内面で統合して得心できるような道徳的実践への心構えとなる実践への意思力としての「内なる生きる力（道徳的実践力）」を育成することに主眼を置いている。つまり、子

供一人一人の人間としての在り方や生き方に収斂されるような、自分自身の将来へつながる生き方学習という方向的目標設定がなされているのである。だからこそ、教科「道徳科」ではなく、「特別の教科　道徳」なのである。そうなれば、当然のことではあるが、その評価方法も各教科同様の観点で評価することには無理があるということになる。

　また、各学校における道徳教育は「学校教育全体で取り組む道徳教育」と道徳科、いわゆる「道徳科授業」で構成されるが、そこでの教育評価の視点も異なってくる。つまり、子供一人一人の人格的成長を意図して全教育活動で取り組む道徳教育では個人内自己評価によって自らの成長に気付かせ、意欲を高めることでさらなる自己成長の契機にできるような道徳評価が求められるのである。それに対し、道徳科授業では子供達の日常的道徳生活を望ましいものとする上で不可欠な道徳的知識や道徳的思考・判断力、道徳的実践スキルや実践意欲・態度の育成のための具体的評価が求められる。そこには生き方学習としての道徳科の指導観点や評価観点が明確な前提としてなくてはならないし、その学びの成果を具体的かつ肯定的に見取るための方法論も必要である。

②　自らの人生をよく生きるために道徳評価を進める

　子供達に限らず、人間は日常的道徳生活において道徳的に振る舞うことの意味を普段はいちいち考えるようなことはない。周囲の人から賞賛されたいから道徳的スキルを磨こうといった人も中にはいるかもしれない。また、そんなことは一切お構いなしに、気持ちのおもむくままに振る舞っている結果、道徳的である場合もあるだろう。道徳教育、とりわけ道徳科授業は、普段は当然事として行為していることを振り返り、その行為の中で暗黙に知っていることを自問自答する時間そのものである。その中で、子供達は改めて気が付くのである。なぜ道徳的に振る舞うのか、その行為する判断基準となっているものは何なのか、そして具体的な道徳的行為をするための方法や手順はどうなっているのか、その行為の結果として自分はどのような眼差しを自身に向けるのであろうかと。言わば、自らの道徳的な思考・判断・行為の基となっている枠組み（frame）への気付きである。

　これらは「行為の中の省察（Reflection in Action）」と呼ばれるものである。

人間は誰しも、かけがえのない「尊在」としてこの世に生を受けている。言わば、幸福で充実した自らの人生を創造することにおいては実践的専門家でもある。この自らの人生を善く生きることを志向し、体現することを目指す人間は、望ましい道徳的行為を暗黙の認識、判断、そして躊躇することなく行為することができる自分の人生の実践的専門家と言い換えてもよいである。

　この「行為の中の知（Knowing in Action）」を可能にしていくのは、行為の中で当然のこととして暗黙に取り扱われていた思考・判断・行為への理解や意味付け、再検証である。これを反省的実践家（reflective practitioner）という専門家の実践的思考スタイルとして提唱したのが、ドナルド・A・ショーン（Donald A. Schön, 1983年）である。ショーンは、行為の中の省察を「反省的実践家は行為しながら考える」という言葉で表現したが、自分の幸福な人生を他者と共に歩むためには、自分の人生を創造する専門家として一人一人の人間が生ききるためには、自分の在り方生き方を自問し、省察し、再構築して更新していくトレーニングが必要である。この生き方トレーニングの時間こそが、道徳教育、とりわけ道徳科授業がまさにそのものであると説明できよう。

　確かに、人生の富や名誉、栄達を得るためには学歴やキャリアアップ、昇進のための資格取得といった個に付随するスキルを多く身に付けた「技術的熟達者」であることが大きなウエイトを占めるのかもしれない。しかし、人生の価値はそれだけでは満たされないことも多くの人は同時に知っている。自らの人生にどのような価値を見出し、どうそれを全うするのか、誰しもそれを渇望し、そのために自ら精神の巡礼者となり、精神の求道者となるのである。そこにあるのは、ただ1点、自らを自己省察する反省的実践家としての生き方のみであろう。

　ならば、日常的道徳生活の中で改めて問い直すことのない道徳的行為の中で当然のこととして暗黙に取り扱われていたことを意図的に取り上げ、思考・判断・行為することへの価値理解やその意味付け、再検証としての省察を加えながら自らの在り方、生き方を自覚的に更新していくことを目的とした道徳学習での道徳科授業評価の意味が見出されるのである。

③　道徳科授業評価のポイントと方法論的視点を明確に

　道徳科授業を充実させることは、子供達の自己成長機会を豊かにすることそのものである。よって、その授業評価も複眼的かつ多様性をもつものでなければならない。道徳科の評価要件としては、以下の３点が考えられよう。

---

①子供一人一人の道徳性は様々な関連の中で形成されるもので、個の内面に着目した広い評価視点が必須である。（自己評価、ポートフォリオ評価）

　例：ワークシートやノート記述等の学習足跡をファイリング

②道徳科授業での指導効果をあげるためには道徳学習での個々の学びを多様に情報収集・活用することが必要である。（パフォーマンス評価）

　例：話す、書く、演ずる、描く、態度表明、挙手や頷き、表情や態度等々

③道徳性発達には個人差があり、個に応じたその時々の継続的な指導の視点が重要である。（エピソード評価）

　例：各学習場面での課題意識や思考・判断等の蓄積と継続的な働きかけ

　道徳授業評価を上述の具体的な学習活動と個々の道徳的成長とにあてはめていくと、評価活動を進めるための前提要件がより鮮明になってくる。

ア．道徳科授業評価は個人内評価

　道徳科授業評価の前提となるのは、あくまでも個人内評価である。個人のプライベートな道徳性は他者と比べても、ランク付けしても、それは全く意味をもたない。個としてより善く生きるための資質・能力である道徳性の見取りは、あくまでも子供自身の自己成長の足跡を評価によって本人に自分で見届けさせる（セルフ・モニタリング）ことが大切なのである。

イ．関わり合いから見出す個の道徳的成長

　子供の道徳的成長、即ち道徳的学びは「人、こと、もの」との関わり合いを通して生起するものである。それを念頭に、様々な教育活動を通じての道徳教育や道徳授業での活性化の工夫をすれば、自ずと個々の子供の道徳的変容が評価できるようになってくる。

ウ．個の成長を理解するための多面的な情報収集

　道徳科授業での指導の効果を高めるためには、子供一人一人の内面を的確に

知ることが肝要である。そのための情報収集方法を多様に工夫して評価し、多面的・多角的に個を理解することで情報活用に基づく指導改善が図れるようになるのである。そして、それが個の道徳的成長を効果的に促進することへとつながるのである。

④　個の自己成長を促す道徳科授業評価

道徳評価は道徳科授業評価に限らず、子供の内面に関わる事柄であるだけに、外部から推し量ることが難しい。それゆえ、慎重であるべきであるし、あくまでも個の道徳的自己成長を促す肯定的評価でなければならないことは言うまでもないことである。

ここまで述べたことを踏まえ、整理すると、道徳科授業評価構想が明確になってくる。以下にポイントを示すこととする。

ア．パフォーマンス評価とポートフォリオ評価で個の成長を見取る

個の内面にある多様な成長動機と道徳的学びを理解するためにはパフォーマンス（performance）評価が何よりも必要である。そして、それらは個としての善い生き方を実現させる望ましい状態（well-being）を一定期間通して評価情報として累積していくというポートフォリオ（portfolio）評価も当然ながら不可欠な視点である。

イ．道徳的学びを見取る評価観点（rubric 指標）を設定する

道徳科授業評価を進めるためには、それを的確に遂行するための適切な評価観点と評価基準の設定が不可欠である。特に、その授業でのねらいに準拠した評価観点を構成するためには道徳学習内容構成要素と、子供の人格的成長につながる道徳的変容要素とを二元的に捉えていかなければならないことは当然予測されることである。これらが適切にクロス配置されることで、子供の人格的成長をサポートする道徳評価が可能になってくると考えるものである。

方法論は多様にあると思うが、学習指導要領に示された道徳科の本質を外さないためには本時のねらいにあてはめて、縦軸にその学びで期待する道徳学習内容構成要素を配置し、横軸に道徳的成長要素としての道徳的理解・思考・判断（認知的側面）、道徳的心情の覚醒（情意的側面）、さらには実践化への意思力や技能といった道徳的実践意思力・スキル（行動的側面）を配置し、それらを

クロスさせることで簡便な見取りの目安を視覚化することも可能である。

図3-5　道徳評価観点設定のための二次元マトリックスモデル図

◆道徳的学びを通して子供に身に付けさせる資質・能力

学びの内容／成長要素	理解・思考・判断	心情の覚醒	道徳的実践意思力・スキル
本質的な学びの内容			
価値ある学びの内容			
知って意味ある内容			

◆指導目標として設定される道徳的学び内容の質

　この図で意図するのは、いつも全ての観点を設定して評価するのではなく、その時々に見取り可能な観点を設定することで、どんな方法を具体的に用いたら具体的かつ明確な評価が可能かと見通しをもてるようにすることである。

　道徳科授業評価をどう理解し、どう進めていけばよいのかと改まって問い直すと、つい「この子は、道徳的にどのように成長したのか」とか、「この子のどのような側面から見ると成長したように判断できるのか」と言った、やや大人の都合による客観的な事実を背景にした道徳的成長の捉え方とは離齬が生じがちである。しかし、道徳科授業は「生きて働いてこその力」、道徳的行為を可能にする内面的資質としてそれを支え、後押しする道徳力、いわゆる「道徳的実践力」を育成することが何よりも大切なのである。教師が子供一人一人の道徳的発達の状況を的確に把握し、家庭との連携を図りながら一つ一つの「点」としての子供の道徳的学びを結び付け合い、関連付けすることで個としての有意味な道徳的学び成果という大きな「面」を構成することも大いに可能となってくる。「点から面へ」という指導観、大切にしたいものである。

3　道徳科学習指導案を作成してみよう

（1）道徳科学習指導案はなぜ必要なのか

　ここまでの道徳授業の特質や要点を踏まえ、実際の道徳科指導をイメージするために道徳学習指導案を作成するという視点から授業構想してみたい。

　道徳科学習指導案とは、本時のねらいを達成するため、年間指導計画に基づ

いてどのような道徳的内容をどのような方法や手順で指導し、児童生徒へ具体的な道徳的実践力として身に付けてさせていくのかという授業展開の道筋を示したものである。道徳科学習指導案には、その指導展開を詳しく示す「細案」と、大要を簡略化して示す「略案」とがある。

　また、道徳科学習指導案には、これといったまとまった形式が決まっているわけではない。各学校における道徳指導の創意工夫が盛り込みやすい形式、教師が相互の授業参観を通して指導改善のための研鑽を深められる形式のものが望まれる。ここでは、道徳科の趣旨を踏まえた道徳科学習指導案モデルを示し、指導案構成要素として盛り込まれる主な項目とその記述すべき内容について述べていきたい。

　なお、道徳科学習指導案には一律の定型がないことから、より実践的な視点から学校独自で、あるいは行政地域内等で検討しながら新たに項立てすることも一向に差し支えない。また、学習指導案としての機能や役割を考慮すると、同じ授業であってもその見方は変わってくる。例えば、以下のような捉え方もできる。

☆教師の側から見れば・・・・学習指導展開構想案（道徳科学習指導案）
☆子供の側から見れば・・・・学習活動プロセス案（道徳科学習活動案）

　道徳科学習指導案は、教師の視点での「道徳科指導案」、児童・生徒の視点での「道徳科学習活動案」と、意図的に区別されて称されることもある。当然、その立場によって項目内容に関する記述の視点が異なるのは言うまでもない。ただ、大切なのは、道徳科学習指導案はあくまでも「教師の腹案」に過ぎないということである。言わば、道徳学習指導案は計画案である。その授業において教師が子供達の思考力や判断力、表現力等を大切に引き出しながらきめ細やかな指導を実現していくための授業設計図が道徳科学習指導案である点を勘案するなら、実際の授業展開においては必要に応じて臨機応変に修正を加えながら展開する勇気と覚悟が常に求められるということでもある。

　いたずらに教師の指導計画を子供達に押し付けたり、子供をただの聴衆のような立場に追いやったりするだけの学習指導案なら、それこそ最初から不要なものなのである。初めに学習指導案ありきではなく、あくまでも子供の学びを効果的に引き出すための学習指導案であることを戒めとしてほしい。

　（２）道徳科学習指導案モデル例とその項目構成の考え方

①　教科教育型で考える道徳科学習指導案モデル

　以下に示す道徳科学習指導案の形式は、一般的によく用いられる構成項目を中心にモデル的に再構想したものである。それを手掛かりに、様々な用途に応じて指導案形式をアレンジし、指導者にとっても、共に研鑽し合う参観者にとっても、活用しやすいものとしていくことが大切である。

《道徳科学習指導案モデル例》

　　　　　　　　　　第（　）学年（　）組　道徳科学習指導案
　　　　　　　　　　　　　　　　　　　　　　　　指導者（　　　　　）印
1．日　時　　平成（　）年（　）月（　）日　第（　）校時
2．場　所　　（　　　　　）
3．主題名　　（　　　　　　　　　　）　内容　　－（　　　）
4．教材名　　「　　　　　　　」（出典　　　　　　）
5．指導・評価計画
6．主題設定の理由
　（1）ねらいとする価値について
　（2）児童（生徒）の実態について
　（3）道徳教材について
7．本時の指導
　（1）ねらい
　（2）展開

	学習活動	主な発問と予想される反応	留意事項と評価
導入	学習課題の設定		
展開			
	価値の共有化		
終末			

☆このモデル型はあくまでも一例で、様々な創意を加えてほしい。このモデル型の特徴は、導入から展開の部分で学習課題を設定すること、展開後段で本時に学んだ道徳的内容を「価値の共有化」として確認し、それから各自の日常的道徳生活に即した価値観形成を促す点にある。

②　道徳科学習指導案（モデル例）を構成する項目とその内容

　道徳科学習指導案は実際に活用されて初めて役立つものである。よって、それがただの画餅に終わらないよう子供の道徳的実態に即して作成することが大切である。以下に学習指導案を構成する各項目とその内容記述の留意点について解説する。

【道徳科学習指導案構成項目とその解説】

★学習指導案は形式にとらわれることなく、実践的視点から作成してほしい。

第（　）学年（　）組　道徳科学習指導案

＊学年、組を明記することで、授業対象者を明確にする。

指導者（　　　　　）印

＊押印で責任の所在を明確にする。

1．日　時　　平成（　）年（　）月（　）日　第（　）校時

＊授業日、校時、開始時刻等を明記する。

2．場　所　　（　　　　　　）

＊外部参観者がいる場合は「教室」だけでなく、○○校舎○階と明記。

3．主題名　（　　　　　　　　　　　）　内容　－（　）

＊その時間の指導内容を適切に表したものを記述する。一般には年間指導計画に
　示された主題名（ねらい＋教材で構成された主題を適切に表現したもの）を用いる場
　合も多いが、授業構想に基づく工夫を期待したい。

（例）希望をもって生きる　高学年 A–（5）希望と勇気、努力と強い意志

◇視点1：本時で目指すべきねらいを的確に体現しているか。

◇視点2：主題名から本時の授業展開イメージがもてるか。

4．教材名　「　　　」（出典『　　　　　　』）

＊その時間で用いる教材の出典を明らかにしておく。そうすることで、他者が参
　考にしようとそれを見た場合、どのような道徳教材活用がなされたのか一目瞭
　然で分かるようにする。

（例）教材名「手品師」（出典　文部省「道徳の指導資料とその利用1」）

◇視点1：子供の道徳的実態、発達特性を踏まえたものとなっているか。

◇視点2：著作権等をクリアした適切な教材であるかどうか。

5．指導・評価計画（複数時間指導計画の場合は本時○／○時）

＊他教育活動との関連性や、複数時間あるいは単時間扱いで指導するのか等につ
　いて記述する。複数時間によるテーマ型ユニットでの指導を行う場合は、単元
　としての指導計画とそれに伴う評価計画を明記する。

＊評価計画については、評価するための観点と具体的な方法について記す。

（例）

　小単元テーマ名「友達関係を見直そう」（3時間扱い）

　第1次……主題名「だれとでも仲良く」（本時1／3時）中学年 C―（12）

　　評価観点：自分の言動を振り返って思考・判断できる。（ワークシート）

　第2次……主題名「晴れやかな心」（2／3時）中学年 B―（10）

　　評価観点：異なる考え方への自分の態度を見つめることができる。（ノート）

　第3次……主題名「本当の友達とは」（3／3時）中学年 B―（9）

　　評価観点：友情の意味を理解し、時と場に応じた言動を考えながら生活でき
　　　　　　　る。（自分の立場の表明、役割演技でのシミュレーション）

　◇視点1：どんな視点から評価しようとしているのか明確になっているか。

　◇視点2：具体的な見取り評価の方法が明確化されているか。

《例：ルーブリック評価（観点としての評価指標に基づいた見取り）》

　教材例：「ないたあかおに」（出典：文部省　道徳指導資料第2集第2学年）

　　（観点：「理解・思考・判断」）

○自分が赤おになら、青おににどう接すればよいかを考えることができる。

　　（観点：「心情の覚醒」）

○なぜ青おにが赤おにを残して旅に出たのか、その理由を発表できる。

　　（観点：「道徳的実践意思力・スキル」）

○友達にどのように接したらよいのかを自分の言葉で説明できる。

　♥このルーブリック評価の目的は、本時のねらいに対して子供の学びを価値づけることのみでなく、個々の学びのよさを具体的な観点から見取って、認め励ましていくことである。

　なお、例のような評価観点に対してどの程度達成できているかを子供自身が自己評価したり、相互評価したりする際の達成度レベルを表すためには評価基準が必要である。この基準は「よくできた」、「できた」の2段階でもよいし、「よくできた」、「だいたいできた」、「もう少し」の3段階でもよい。要は、子供の道徳的実態に即して見取りの基準を設定することが大切である。

6．主題設定の理由

（1）ねらいとする価値について

　＊本時間で取り上げる道徳的価値（内容項目）についての指導観とねらいを設定し

た理由、この指導に込める教師の願いや児童・生徒に培いたい道徳性について明確に記述する。

◇視点1：指導者として本時で問題とする内容項目に関する道徳的価値をどう理解し、子供達にどう気付かせようとしているのか。

◇視点2：本時で理解・自覚化を促そうとしている道徳的価値（中心価値）と、それに連なる関連価値（不可分に関係する価値）についての見解を指導者としてどう捉えているのか。

（2）児童（生徒）の実態について

＊ねらいとする価値に関わるその学級在籍児童生徒の道徳的実態について具体的に記述する。

◇視点1：設定したねらいが子供の道徳性発達においてどのような意味をもつのか。

◇視点2：子供の日常的道徳実態を受け、この授業を通してどのような道徳的資質・能力を具体的に培いたいと考えているのか。

（3）道徳教材について

＊その教材を用いる理由（発達段階、教材の特質等）、教材分析（内容構造分析）を通して、どのような学習の場の構成や方法で本時のねらいに迫るのかを明記する。

◇視点1：道徳教材の内容はどのように構成されていて、具体的な指導場面ではどの部分をどう活用しようとしているのか。

◇視点2：子供の日常的道徳生活と本時で用いる教材がどのように重なり合い、どのような受け止め方をされると想定して授業構想しているのか。

7．本時の指導

（1）ねらい

＊本時の指導を通して児童（生徒）にどのような道徳的学びを期待し、どのような道徳性を育むのかを記述する。

（例：誠実な生き方への気付き（認知的側面）を促し、態度化をねらう場合）

○自分に正直に生きることのすがすがしさに気付かせ、いつも明るい心で生活しようとする態度を育てる。

＊情意的側面での陶冶を目指すなら、「～しようとする心情を育む」となり、行動的側面を重視するなら、「～について行動するための見通しをもつことができる」等といった文末表現になろう。

（2）展　開

	学習活動	主な発問と予想される反応	留意事項と評価
導入	1. 学習課題を設定する		
		学習課題	
	☆共通解としての価値理解と納得解としての固の価値観形成をするためには明確な学習課題が必要である。		

【本時展開　導入部分】

　本時で学習する道徳的価値への方向付けをし、本時でねらいとして追求すべき学習課題を設定する。（短時間で行えることが望ましい）

展開 ＊ 前段	2．教材をもとに語り合う。		

【本時展開　展開前段部分】

　道徳教材を提示し、学習課題に基づいて自分の日常を重ね合わせながら道徳的なものの見方、感じ方、考え方を価値追求させていく段階である。その際に重要なのは、教材内容の共通理解、語り合い（話合い）の内容を的確な発問によって焦点化することである。

＊ 後段	3．自分を見つめる。		
		道徳的価値の共有化	
	☆本時で学んだ共通解を互いに共有し合うことで、それを基に「ならば自分は……」と自らの納得解としての価値観形成を進めていける。		

【本時展開　展開後段部分】

　教材を通して学び深めた道徳的価値について共有（共通解）し合い、それを基に自分の日常的道徳生活を内省しながら自分事（納得解）として道徳的価値と向き合わせるようにする段階である。

終末	4．本時のまとめをする。		

【本時展開　終末部分】

　その時間の中でねらいとする道徳的価値についての整理とまとめをする場面である。特に留意したいのは、ねらいとする価値についての押し付けとならないようにすることである（教師の説話でも、諺紹介でも、ねらいに即した他の短いエピソードでも、互いに認め合って歌を歌ったり、踊ったりしてもよい。要は、道徳的実践へ意欲付けとなればよいのである）。

④　道徳科学習指導案に示す「学習活動」について

　学習指導案と呼ばれる授業展開計画案は、学習過程における子供の主体的な学びの在り方を現実的に想定して表したものである。その学習過程は、学習のきっかけを生み出す「導入」、学習課題設定に基づく追求過程としての「展開」、学習したことを思考整理・実践化していく「終末」の各段階に区分されるのが一般的である。

　よって、道徳科での学習活動とは、導入段階で子供の学びのための課題意識や課題追求意欲が教師によって引き出され、教材を軸に子供自身が課題追求・解決へ向けて繰り広げる展開段階が構成され、その学んだ結果を吟味・確認したり、日常生活に敷衍したりするために子供が自らの学びを整理する終末段階までの一連の活動を意味している。そして、その学習活動の主人公は子供一人一人であることから、そこで求めるべき学びの姿は子供目線でのものでなければならない。従って、学習指導案の学習活動の記述は子供側に立って具体的に構成していくことが求められる。

⑤　道徳科学習指導案に示す「発問と反応」について

「発問」とは、文字通り教師が子供に「問いを発すること」、「問いかけで学びを引き出すこと」である。発問と同様に授業で用いられる類似した教師の投げかけには、活動を促す「指示」や「指示的発問」等がある。

　発問は授業でねらう方向性をもって行われるが、子供に問題発見や課題意識をもたせて学習を動機付けたり、思考・判断・表現といった面でよりいっそうの学習深化を意図して「切り返しの発問（子供の発言内容から問い返す）」で揺さぶりをかけたりと、工夫して用いられる。この発問次第で授業展開は大いに左右され、子供の気付きや学びの深まりも異なってくる。道徳科授業で用いられる発問は、以下のようなものがある。

　　　中心発問……その授業での中心テーマやねらいに迫るための発問
　　　基本発問……中心発問へと誘導したり、発展させたりする主要な発問
　　　補助発問……基本発問で伝えきれない、伝わりきれない内容を補う発問
　　　指示的発問…学習への関わり方を具体的に明示する発問

　道徳授業における発問は、子供達に学習テーマとして設定している道徳的価値へ気付かせたり、日常的道徳生活での実践と結び付けて自覚化させたりすることを意図した中心発問が何より大切である。その中心発問をするために導入段階で何を子供に問いかけて学習課題意識をもたせ、教材提示の後に何を問いかけたら中心発問へ迫れるかという発問構成がおのずと定まってくる。また、中心発問での問いかけから、それを自分との関わりの中で思考・判断・表現させるための基本発問も展開後段では必要となってこよう。さらに、終末では子供の反応を求めない問わず語り的な投げかけとしての「問い」も発せられよう。

　このような本時の主題（テーマ）に迫るための中心発問と基本発問とを関連付けて一連の学習の流れを構成することを「発問構成」と称している。

　本来的に発問は、子供の学びを方向付けるところに意味がある。よって、学習指導案の記述項目として示す「主な発問と予想される反応」の欄は、教師の意図する授業展開にとって都合のよい子供の問いかけに対する発言や期待すべき発言を示すのでは用をなさない。つまり、教師の発問に対してどのような異なる発言が返ってくるのかを幅広く想定して記すべきなのである。現実の授業

では想定外の子供の反応によって、教師が当初予定していた発問構成を全面的に軌道修正しなければならないといった事態も少なくない。つまり、この項目での反応内容は、教師がどれだけ柔軟に子供の反応を想定して一貫性ある発問の組み立てをしているのかが露わになってしまう部分でもある。

　また、発問には子供のものの見方、感じ方、考え方を拡げる拡散的発問と、学習内容に照らして絞り込む収束的発問がある。それらをどう勘案しつつ、意図的かつ計画的に１時間の授業での発問構成をすることができるかで、個々の子供に対応する道徳科授業づくりは大いに異なってくるのである。

　一連の意図的・計画的な発問構成という観点から、１時間の発問の配置を考えるとおおよそ以下のようになろう。

[導入]
●多様な日常的道徳生活経験を掘り起こし、ねらいに即した学習課題意識をもたせて授業展開を方向付ける発問。（収束的発問）

[展開前段・後段]
●教材提示する前の指示的発問。（読みの視点の指示のみでなく、学習の方向性を示唆した発問）

●教材に含まれる道徳的追体験後の多様な受け止め方を引き出す基本発問。（拡散性のある発問）

●道徳的課題を焦点化し対立性を引き出す発問。（課題解決意欲を刺激して自他のズレから思考深化を生じさせる収束性のある発問）

●道徳的価値への気付きを促す発問。（本時のテーマに迫る中心発問）

★展開では、課題追求としての拡散性のある基本発問、論点を整理するため収束性のある基本発問等を適宜組み合わせ、「中心発問へ迫る」あるいは「中心発問から一般化して拡げる拡散性のある発問」をするための発問構成をしていくこととなる。

●課題追求で導き出した共通解としての道徳的価値を共有化したり、高められた価値観に照らして自己内省に基づく価値観形成を促したりする納得解へ導く発問。（この価値観形成へと高める収束性の伴う発問）

［終末］
- ●終末での実践意欲喚起のための発問的投げかけ。（発問から子供に再度問いが生じて
は授業が終息しないので、発問というよりも励まし的投げかけの発問）

***

　道徳科授業は、ソクラテス的な問答（対話）によって道徳的価値への気付き
や自己内省、道徳的実践への意欲喚起を促すのであるから、一律で形式的な発
問構成にこだわってはいけない。むしろ、道徳的な学びは子供一人一人の個性
的なスタイル（道徳的実態がばらばらな授業開始時のスタートフリー状態、授業終
了時の道徳的な気付きも個々に異なるゴールフリー状態）でなされるものである点
からするなら、その授業での語り合いによって共同思考する際に必要とされる
共通課題とすべきこと、課題追求意欲を最後まで持続させることを可能にする
中心発問（敢えて言うなら、その授業でどうしても教師が子供達に問いかけずには
いられない中心的な発問）がひとつあれば、それでも道徳科授業は成り立つの
である。

　この点は子供の発達的な段階や実態もあるが、授業の中での発問を少なくす
ることで論点を明瞭にでき、間合いをとって丁寧に問い、子供の反応に一つ一
つ耳を傾けることができるのである。言わば、中心発問でじっくり取り組める
道徳科授業こそが本来的に理想の姿なのである。

⑥　学習指導案に示す「留意事項」について

　どの教科の学習指導案でも、授業での子供の学習活動を引き出すための教師
の働きかけがなされる。その指導過程の段階毎の指導の手立てや留意すること
を記したのが「留意事項」である。

　また、それら留意事項に照らし、各学習段階での評価指標となる観点が示さ
れることも一般的である。学習活動と教師の働きかけとが対になって学習評価
指標が示されることは、指導と評価の一体化という点でも重要なことである。

（3）道徳科学習指導案の作成例

　以下に示す道徳科学習指導案は、ここまで述べてきた指導案作成手順に則って、具体モデル例として作成したものである。

【小学校第1学年　内容 B-（6）親切・思いやりでの指導案作成例】

第1学年〇組　道徳科学習指導案

授業者　　〇〇　〇〇　印

1．日　時　平成28年〇月〇日（月）　第3校時

2．場　所　1年〇組教室

3．主題名　心さわやかに　内容 B-（6）親切・思いやり

4．教材名　「はしのうえの　おおかみ」（出典　文部科学省教材）

5．指導・評価計画

　小単元テーマ名「楽しいクラスにするために」（2時間扱い）

　　第1次……主題名「友達と仲良く」（1／2時）低学年 B-（9）

　●教材名：「およげない　りすさん」（出典　『わたしたちの道徳』）(10)

　　（あらすじ）

　　　池の中の島へ行って遊ぶ相談をしていたあひる、かめ、白鳥たち。そこへりすがやって来て、「ぼくも　いっしょに　つれて　いってね。」と頼む。

　　　でも、「りすさんは、およげないから　だめ。」とみんなは島の方へ泳いで行ってしまう。一人ぼっちのりすは家に帰り、みんなは島で遊ぶが少しも楽しくない。「やっぱり、りすさんが　いた　ほうが　いいね。」、「でも、りすさんは　およげないからな。」、暫くして、かめが「うん、いい　考えが　ある。」と言い出す。次の日、りすが池の畔に行ってみると、みんなは「きのうは　ごめんね。」、「今日は、りすさんも　いっしょに　しまへ　行こうよ。」、「ぼくの　せ中に　載りなさいよ。」と声をかける。にこにこしながらかめの背中に乗ったりすを囲んで、みんなは島に渡った。

　●評価観点：自分の言動を振り返って思考・判断できる。（ワークシート）

　　第2次……主題名「心さわやかに」（本時2／2時）低学年 B-（6）

　●教材名：「はしのうえの　おおかみ」（出典　『わたしたちの道徳』）(11)

（あらすじ）

　　山の一本橋の上で他の動物が来ると、「もどれ　もどれ。」と追い返しては「え
　へん、えへん。」と、毎日用もないのに橋の上でいじわるをおもしろがっていた
　おおかみ。ある日、いつもの通りに追い返そうとすると、その相手は大きなく
　まであった。あわててお辞儀をして「わたしが　もどります。」と言うおおかみ
　を、くまは「ほら、こう　すれば　いいのさ。」と抱き上げ、後ろにそっと下ろ
　してやった。そのくまの後ろ姿をいつまでも見送っていたおおかみ、翌日に一
　本橋で出会った他の動物を優しく呼び止め、くまのまねをした。「えへん、へ
　ん。」、いい気持ち。不思議なことに前よりもずっといい気持ちで、「これに　か
　ぎるぞ。」とおおかみは気持ちが晴れ晴れとする。

- ●評価観点：望ましい友達への接し方を理解し、自分の日頃の言動を見つめ直す
　　　　　　ことができる。（役割演技とおおかみさんへの手紙）

6．主題設定の理由

（1）本テーマでねらいとする価値について

　　人は誰しも、他者との関わりなしには1日たりとも生活することができない。
　そのような他者との関わりを構築していく上で不可欠なのが友達を信頼し、思い
　やる気持ちである。その信頼関係は、相互に相手の立場を尊重し、理解し、温か
　い心で接しようとするところに生まれてくるものである。この価値は、発達段階
　等に左右されない人間の生き方の根源的な部分、人格形成の根底に位置付けられ
　るべきものである。ようやく学校生活に慣れてきた1年生にとって、友達や他者
　を大切に思いやり、親切にしようとする気持ちをもつことは、これからの学校生
　活を豊かにする上でとても大切であると考える。

　　本時の指導では、自分にとっても他者にとっても「望ましい」ことを進んで行
　おうとする気持ちを耕しながら、相互信頼的な人間関係づくりをしようとする積
　極的な態度形成を目指していきたい。

（2）児童の実態について

　　入学して○ヶ月余、心身ともに少しずつ逞しくなった子供達である。個人差は
　あるものの、幼児期から児童期への発達特性的な自己中心性もやや薄れてきてい
　る。そして同時に、自分の目の前にいる人がどんな気持ちでいるかとか、どう手
　助けしてあげればいいのかといった、役割取得能力の獲得も少しずつではあるが

感じられる言動ができるようになってきている。

　このような児童の実態を受け、本時では他者を受容し、理解しようとする視点から思いやり行動の大切さに気付き、進んで行おうとする態度形成を目指していきたいと考える。

（3）道徳教材について

　いつも自分の力を背景に傍若無人に振る舞うおおかみが主人公である。一本橋を通る森の動物に通せんぼうすることで愉快に感じていたおおかみ。ある日、自分より力の強いくまと遭遇して道を譲ろうとしたら、思いもかけない優しい対応を受ける。このくまの言動に触れ、自身をふり返るおおかみ。くまを生き方モデルにして他者を思いやり、親切にしようと心改めたおおかみの心情に迫り、思いやり行動の清々しさ、嬉しさ等を具体的な役割演技を中心とした学習へと導いて役割取得の伴う感情体験をさせたいと考えている。

7．本時の指導（本時2／2時間目）

（1）ねらい

　自分の居りにいる身近な人々に対して、温かい心で優しく接しようとする態度を育む。

（2）展　開

	学習活動	主な発問と予想される反応	留意事項（●）と評価（◎）
導入	1．日常生活の中で人に優しくされたりしてあげたりした経験から本時の学習課題を設定する。	①自分の周りにいる人に優しくされたり、優しくしてあげたりしたことがありますか。 ・困った時、友達が声をかけてくれて嬉しかった。 ・バスの中で席を譲ったら、相手がとても喜んでくれた。	●日常経験の掘り起こしから学習課題設定をねらうが、その際に具体的な行為に意識があまり固定化されないよう配慮する。 ◎学習集団の中で、発表を通して自己開示できる。
	♠学習課題の設定		
	人にやさしくできるための心をもっとふくらませよう。		
	2．教材『はしのうえのおおかみ』の話をペープサート劇で観て語り合ったり、役割演技で演じたりしながら、自分に必	★このお話には、おおかみ、うさぎ、きつね、たぬき、くまが登場します。誰がどうしてそうするのか、その時にどんな気持ちなのかを考えながら観てください。	●役割演技できるよう、教材内容を十分に理解させるための視点をもてるよう、指示的発問をする。

	要な価値あることとして受け入れ、考える。	②誰のどんな行いや気持ちについて考えましたか。 ・どうしておおかみはうさぎ達に意地悪したのかな。 ・おおかみは、くまが怖いから意地悪しなかった。 ・くまって、とても優しいね。	◎おおかみの他の動物たちに対する行いと、くまに対する行いとの違いを比べて考え、くまの行いが他者を思いやるよさとして受け入れることができる。
	◆間接的道徳追体験 ↓		
	◆個の道徳的な見方 ↓	・まねをしたおおかみは、どうしていい気持ちになったのかな。	●個々の感想を集約して学習課題を共有させる。
	◆学習課題の共有 ↓	③誰の、どんなことを話し合いたいですか。 ・意地悪なおおかみの気持ちが変わったこと。	●役割演技を通して感情体験的に捉えさせるようにする。
展開前段	◆役割演技による課題追求	④うさぎやきつね、たぬき達に意地悪をしていた時、おおかみはどんな気持ちになっていたのでしょう。	役割演技（代表が全体で→全員がグループで演ずる）
	★おおかみが通せんぼうする場面	・弱い者いじめはおもしろい。	●力や意地悪な気持ちでは、他者との望ましい関わり方が実現しないことを押さえる。
	★くまに抱っこされ橋を渡った場面	⑤おおかみは、くまに抱っこされて橋を渡った時、どんな気持ちだったと思いますか。 ・くまは優しくて賢いなあ。 ・とても嬉しい気持ちになる。 ・意地悪をするって、やっぱりいけないなあ。	◎役割演技を通しておおかみの気持ちを考えることで、よりよい生活を送るためには、自分のまわりの人への思いやりが大切であることを理解できる。
	★くまのマネをおおかみがする場面（体験的価値自覚（役割演技を通しての身体表現や言語的表	♥⑥くまのマネをして他の動物たちを通してあげている時、おおかみはどんな気持ちになったのでしょう。 ・優しくするのは気持ちがいい。 ・みんなと仲良くできるなあ。	●おおかみがただまねをしたということではなく、他者への思いやりが背景にあることをきちんと押さえたい。
	♠捉えさせたい価値	《共通解》	

みんなと仲よく生活していくために、いつも人の気持ちを考えてよいことを行っていくと自分のやさしい心がふくらんでくるよ。

展開後段	3．ふだんの自分の生活をふり返りながら、望ましい明日の自分へのイメージを拡げる。	⑦もう一度、優しくなったおおかみさんを演じて、おおかみさんに手紙を書いてみましょう。 　　　　　　《納得解》 ・おおかみさん、これからはみんなと仲良しになれるね。 ・自分も今度はおおかみさんのように、友達に優しくするよ。	●優しくなったおおかみを自由に演じさせることで、進んで実践しようとする意欲を喚起する。 ◎進んで思いやりある生活をしようとする意欲をもつことができる。
終末	4．『にんげんっていいな』をみんなで歌いながら、本時の学習を振り返ってまとめる。	★みんながいつも仲良く楽しく生活できるといいですね。最後に歌を歌いましょう。	●みんなで歌を歌って楽しくまとめる。 ◎自分の周りにいる人とよりよく生きようとする気持ちがもてる。

8．教材構造分析

【場面】	【登場人物】 うさぎたち　　　おおかみ　　　くま	【道徳的な気付き】
①一本橋で意地悪するおおかみ	意地悪だなあ。→ どうしてやるのか 　　　←自分は強いからやってもいい、 　　　　おもしろいなあ	☆良好な人間関係を構築するためには、意地悪はいけない。
②くまに出会ったおおかみ	大変だ。戻って譲ろう。→ くまは強いから仕方ない 　　　　←どうしたら渡れるかな。 　　　　そうだ。抱きかかえよう	☆よい関係を作るためには互いに努力することが大切である。
③くまに抱きかかえられて橋を渡るおおかみ	くまさんは優しいなあ。→ 意地悪しなければよかった。 こうすれば互いにいい。 　　　←楽しく生活したいな。	★他者を思いやり、親切にすることでよりよい生活を実現できる。
④くまのマネをするおおかみ	本当はやさしいのかな。→ いつもこうだといいなあ。 　　　←意地悪するより気持ちいい。 　　　みんなと仲良くしていこう。	☆思いやりや親切の輪を大切にすることでよい社会になる。

（1）　文部科学省『小（中）学校学習指導要領解説　特別の教科　道徳編』2015年、第 2 章第 2 節の「1　道徳教育の目標に基づいて行う」を参照。
（2）　新美南吉『でんでんむしのかなしみ』1999年、大日本図書、pp.6〜11参照。
（3）　和辻哲郎『人間の学としての倫理学』2007年、岩波文庫、p.22で、和辻は「人間は単に『人の間』であるのみならず、自、他、世人であるところの人の間なのである」と間柄的存在としての人間を説明している。
（4）　青木孝頼『道徳資料における基本発問』1978年、明治図書、p.10。
（5）　井上治郎『小学校自作資料選集　中学年』1990年、明治図書、p.1。
（6）　勝部真長「道徳教育の本道と邪道」月刊『道徳教育』№101、1969年、明治図書、p.15。
（7）　文部科学省『小（中）学校学習指導要領解説　特別の教科　道徳編』2015年、第 4 章第 4 節の「1　教材の開発と活用の創意工夫」を参照。
（8）　松谷みよ子『わたしのいもうと』1997年、偕成社／東京学芸大学、2012年「道徳教育に関する小・中学校の教員を対象とした調査報告書」では中学校教師が効果的だと思われる資料として 3 位にランキングされている。
（9）　D.A. ショーン『専門家の知恵』佐藤学・秋田喜代美訳、2001年、ゆみる出版　「行為の中の省察」pp.76〜128を参照。
（10）　文部科学省『わたしたちの道徳』小学校 1・2 年、2014年、pp.78〜81を参照。
（11）　文部科学省『わたしたちの道徳』小学校 1・2 年、2014年、pp.70〜73を参照。

第2部　道徳教育の理論編

第 **4** 章

道徳そして道徳教育とは何だろう

1 道徳教育を理解するための諸課題を学ぼう

（1）人間にとっての道徳とは何か

① 善く生きることは美しく正しく生きること

　日常生活での事柄をいちいち取り上げ、「道徳としてはどうか？」と自問する人はあまりいないに違いない。しかし、ふとした事情で、あるいは、たまたま遭遇した日常的場面で、「これは本当に善いことなのか？」、「こんな行いは、道徳的に間違っているのではないか？」といった素朴な疑問や感情が湧き上がってくるようなことはないだろうか。そんな時の個としての心の揺らぎや迷いの要因となっているもの、それこそが「道徳」なのではないだろうか。

　まず、「道徳」という熟語のもつ意味から解明してみたい。広辞苑で調べてみると、「人のふみ行うべき道。ある社会で、その成員の社会に対する、あるいは成員相互間の行為の善悪を判断する基準として、一般に承認されている規範の総体」とある。そして、法律のような外面的強制力を伴うものでなく、個人の内面的な規範原理であり、事物に対する人間の在るべき態度もこれに含まれると続けて述べられている。つまり、個の内面にあって、個の在り方や生き方と緊密に関わり合って個々人の日常行動の善し悪しを決定付けているものが道徳と呼称される内容そのものであると説明できるのではないだろうか。

　広辞苑では、さらにもうひとつの意味として、中国春秋時代の思想家である老子の『老子道徳経』から、「道」と「徳」とを説明している。つまり、熟語として構成される道徳の「道」とは、人が人として善悪をわきまえて正しく生きるために守り従わなければならない規範であるとしている。言わば、人生において人として踏み行うべき道、道理を意味しているのである。また、熟語の

対となっている「徳」はその道の本質に従った振る舞い、「善さをよしとする人の在り方や生き方」をするための道標もしくは羅針盤を意味していると説明される。よって、人として踏み行うべき人生の羅針盤を子供一人一人が自らの内面に形成することを目的に施されるのが学校教育における道徳教育ということになろう。

② 「道徳」を語るソクラテスの言葉

　知恵者を自称するソフィスト（sophist：弁論術を教える教師）よりも、知らない自分を自覚している自分がより優れているとして「無知の知」を唱えた古代ギリシャの哲学者ソクラテス（Sōkratēs, B.C.470頃～ B.C.399年）は、問答によって論破された政敵等によって公開裁判にかけられ、不正な死刑宣告を受け、70歳を越えた高齢ながら「悪法もまた法なり」と自ら毒杯を仰いで獄中でその波乱の生涯を閉じた。

　その死の間際、ソクラテスが老友と交わした対話内容をまだ20代の若者であった弟子のプラトン（Platon, B.C.427～ B.C.347年）が対話集『クリトン』[1]として書き残している。そこではこんなやり取りがされている。

ソクラテス：一番大切なことは単に生きることそのことではなくて、善く生きることであるという我我の主張には今でも変りがないかどうか。

　クリトン：むろんそれに変りはない。

ソクラテス：また善く生きることと美しく生きることと正しく生きることとは同じだということ、これにも変りがないか、それともあるのか。

　クリトン：変りはない。（＊訳書原文のまま）

　ソクラテスにとって、道徳的に生きることは善く生きることであり、善く生きることは美しく生きること、正しく生きることそのものであったのである。

③ 未来永劫のための魂の世話としての「道徳」

　ソクラテスの最期の時という設定で描かれているプラトンとの対話集『パイドン』[2]では、永遠不滅のイデア（idea：ものの形）として人間を支配する魂の世話について以下のように述べている。

> 　もしも魂が不死であるならば、われわれが生と呼んでいるこの時間のためばかりではなく、未来永劫のために、魂の世話をしなければならないからである。そして、もしもわれわれが魂をないがしろにするならば、その危険が恐るべきものであることに、いまや思いいたるであろう。なぜなら、もし死がすべてのものからの解放であったならば、悪人たちにとっては、死ねば肉体から解放されると同時に、魂もろともに自分自身の悪からも解放されるのだから、それは幸運な儲けものであっただろう。しかし、いまや、魂が不死であることが明らかな以上、魂にとっては、できるだけ善くまた賢くなる以外には、悪からの他のいかなる逃亡の道も、また、自分自身の救済もありえないだろう。（＊訳書原文のまま）

　人間の魂は、例え肉体が滅んでも不滅である。よって、個々人の魂については死後もその在り方が問われるのであるから、生きている間により善く生き、より賢く生きるという魂の世話、つまり道徳的に生きる必要があることをプラトンはソクラテスの言葉を借りて語っているのである。

　ソクラテスにとっての「魂の世話」について村井實（1972年）は、「『魂の世話』というのは、もちろん個人が善悪を知りわけて生きることではあるが、それがそのまま社会的な営みとして、国家にとっての重要な機能」[3]と考えられたのであった。つまり、個人が善く生きるということは、即ち国家も善くあるということを意味するのである。このソクラテスの思想を引き継ぎ後世に遺したプラトンは、個人の正義モデルを国家の正義を論ずることで解き明かそうとした『国家』という代表的な著作を残している。よく「徳治国家」といった言葉を耳にするが、これは法律によって国の政治を進める法治主義に対し、道徳によって国民が国家統治する理想政治を目指す徳治主義の考え方である。

④　道徳は教えられるのか

　道徳教育とは、「徳（アレテー／英：virtue）」の教育である。徳とは、人間としての卓越性といった意味を有する。この徳の教育の在り方については、古代ギリシャのソクラテスの時代から問われ続けてきた古くて新しい命題でもある。もし、仮に教えられないとするなら、学校での道徳教育は成り立たないことに

なるし、教えられるということであれば道徳教育を徹底することで、この世の中から不道徳な人を簡単に無くすことができるに違いない。では、いずれなのであろうか。

　この根源的な問いについて、プラトンは対話集『メノン』において師であるソクラテスと他の都市国家より訪れた青年メノンとの問答を通して語っている。ソクラテスは、メノンとの対話を通してその本質にじりじりと迫っていく。「徳は知なり」とソクラテスは語り、①徳は教えられうるもの、②徳は知識、③徳は善きもの、という3命題を極めていく。『メノン』における結論は、真の知としての徳を確実に備えた哲人政治家のみが徳を教えられるとして、「誰か徳の教師がいないかと何度もたずねて、あらゆる努力をつくしてみたにもかかわらず、見つけ出すことができないでいることはたしかなのだ」(4)という一言で語られている。つまり、そのような知を備えた人はこれまで存在しなかったから、徳は教えられたことがなかった。それは、道徳は教えられないという「解」を意味しているのである。

　道徳は教えられないとなると、ならばどう学校でそれを教育するのかという新たな課題が生まれ、その教育内容や教育方法の在り方を模索していかなければならないことが容易に理解できるのである。

⑤　なぜ道徳は教育されなければならないのか

　学校教育では、なぜ道徳を教育しなければならないのであろうか。フランスの社会学者 E. デュルケーム（Émile Durkheim, 1858〜1917年）は、「教育の目的は子どもに対して全体としての政治社会が、また子どもがとくに予定されている特殊的環境が要求する一定の肉体的、知的および道徳的状態を子どもの中に発現させ、発達させることにある」(5)と述べている。デュルケームの言に従うなら、教育とは社会生活においてまだ成熟していない世代に対して成人世代が行使する意図的作用である。そして、道徳教育も当然そこには含まれる。

　一方、立場は異なるが、プラグマティズム（実用主義・経験主義）哲学者であり、進歩主義教育学者としてわが国の戦前・戦後教育に大きな影響力を及ぼしたアメリカの J. デューイ（John Dewey, 1859〜1952年）は、その主著『学校と社会』(6)の中で、学校は子供が受動的に学習する場ではなく子供が興味に溢れて

活動する小社会にならなければならないと述べている。子供達は、学校教育を通して自分らしい生涯にわたる生き方に必要なものを自らの必然性あることとして学ぶのである。もちろん、子供は人として生き、その一生を全うする過程において、およそ道徳的問題を回避して生きることは不可能であるに違いない。その社会生活を送る上で、一人一人が人間らしい望ましさを実現しようとすると、そこでの行動規範を規定する法律さえあれば上手くいくとは考えにくい。人間社会の潤滑油として機能し、一人一人の人間の尊厳を保ちつつ自己実現に向けて充実した人生を送れるようにするためには、やはりそこには道徳の存在が必要となってくる。このような人間としてよりよく生きる力を育てるために、学校教育では道徳教育を基底に置いて展開していくことが必須なのである。

　事実、道徳教育はその歴史を繙くまでもなく、洋の東西を問わず、各々の国の各々の内容や方法で行われてきた。つまり、学校教育は知識や文化の伝達だけすればそれでよしとはならないのである。では、人々が考える道徳教育とはいったいどのようなものを意味しているのであろうか。

　この問題について前出の村井（1967年）は、「『徳』の教育というのは、『道』を教えられた理性が『これをなすべきである』と命令するとき、『私はそうしたくない』と答える矛盾の可能性から若い人々を救うための教育である」[7]と、絶妙な解説をしている。つまり、道徳教育での「教える」というのは理性のみに働きかけて成立するものではなく、当事者の情操や主体的な道徳的意志への訓練を経て初めて成立し得ることを物語っているのである。

⑥　人間は教育によって人間となる

　偉大な哲学者であり、教育学者でもあったI. カント（I.Kant, 1724〜1804年）の教育観に少し触れておきたい。カントは、著書『教育学講義』（1803年）の冒頭で「人間とは教育されなければならない唯一の非造物である」、「人間は教育によってはじめて人間となることができる」、「人間は人間によってのみ教育される」[8]という有名な言葉を残している。人間を教育するというのは国家にとって一大事である。まさに「教育は国家百年の計」であり、そのための教育は国家の命運を左右するだけでなく、同時に個としての豊かな人生をも左右する重大事なのである。

また、近代教育学の創始者と称されているドイツのJ. F. ヘルバルト（J. F. Herbart, 1776～1841年）は、「道徳的教育の問題は、全教育の問題から切り離すことのできる一片であるのではなく、この問題はその他の教育配慮と必然的な広範囲な関連に立つ」[9]と述べ、教育の究極的な目的は子供の道徳性の育成であり、それには教授が不可欠で、その道徳性育成に全く関わらないような教師は教育者の名に値しないとまで言い切っている。

このように教育を語る上で、道徳教育の問題を抜きにすることは不可能である。それを裏付けるように古今東西、独自の教育思想を展開した教育学者で道徳教育を語らなかった者はいないことからも頷けよう。

「教育は人なり」という先哲の教えのごとく、子供達へ豊かな道徳教育を施すには的確な道徳教育の理論が必要であり、道徳的学びを生み出し道徳教育の方法論が不可欠なのである。

（2）道徳と倫理・法律・宗教の関係とは

① 倫理と道徳教育との関係とは

道徳教育という語感から、道徳とは普遍的規範であるとか、国家的な枠組みを超えた人類普遍の真理を追求することを教育するものといった誤解を生みやすい。しかし、決してそのようなものではない。むしろ、市井の人々の良好な社会的関係を構築したり、個としての充実した日々を内面から支えたりする「芯棒（心柱）」となるものを育んでいく営みである。

よって、各々の国では自分達が置かれた時代やその社会的ニーズによって必要とされる事柄から道徳教育の内容を選択し、構成し、その国の実情に適した道徳教育方針として規定し、実施するのである。よって、その背景には国家的なイデオロギー（思想傾向）や宗教性、文化や歴史に裏打ちされた国民性等々が色濃く反映されている。言わば、国家理想として目指すべき望ましさが体現されたひとつの理想型が道徳教育であると考えた方が自然なのである。

そのような前提に立つなら、道徳教育の内容は2つの要素で成り立っていると解せよう。つまり、道徳教育の構成内容は古来より一貫している黄金律や望ましさが収斂されてそれ自体が有意味な徳目となって凝縮された不変的価値内

容と、その時々の時代的・社会的要請で変化する可変的な価値内容とで混在的に構成されているものである。そのような混在的な価値内容を一律に施す道徳教育は、自分達の国家や社会を未来永劫のものとして継承・発展させるための「意図的かつ目的的な営み」なのである。

　ここまで語れば、容易に察せられることであるが、私達の日常生活場面を想起すると、「倫理（ethics）」と「道徳（moral）」とが同義的に語られるようなことも少なくない。だが、そこには厳密な区分がなされるよう。

　例えば、話者が発言の中で国民道徳と言ったり、国民倫理と言ったりするような場合でも、違和感なくその意図は相手に受け止められるであろう。それ程までに類似した意味を有するのが倫理と道徳である。しかし、そう理解しつつも、暗黙裏に使い分けているような場面も少なくない。

　例えば、環境倫理とはいうが環境道徳とはあまり言わないし、営利活動に伴う法令遵守（compliance）の視点からよく用いられる企業倫理等も、やはり企業道徳とは表現しないのが一般的である。つまり、両者には類似する部分と明確に区別している部分があるということである。この倫理と道徳の定義付けについては、以下のように分類することができよう。

倫理……人間がよりよく生きる上で必要とされる社会生活、個人生活の指針。（倫理は道徳的に生きるための理論）

道徳……人間がよりよく生きる上で必要とされる考え方を実現するための具体的な実践方策。（道徳は倫理の実践）

　要は、両者の関わりは車の両輪のような不可分な関係と捉えられよう。いずれか一方がなければそれは円滑に機能しないことになり、両方のバランスが均等になった状態でこそ、その機能が期待できるのである。

②　道徳と法律との関係とは

　望ましい社会の実現という観点からよく引き合いに出されるのが、個人の逸脱行動抑止力という面での、「法」と「道徳」との優先性の問題である。法、道徳、宗教という概念はそれぞれに個人の言動を規定するが、そこには外的拘束力と内的拘束力、法律上の罪意識と精神的もしくは宗教的罪意識（自罪とか

原罪）といった対比で一般的には語られる。

　ここで言う「法律」とは、人々が支え合って暮らす共同社会において、犯罪等の個人の逸脱した言動は他者の安全や快適さ、利益等を侵害する許されざるものとして罰とか反則といった拘束力をもって規制を加える。このような外部からの拘束力は、法的拘束力として公認されていることで犯罪等の抑止力として大きな意味をもつ。

　それに対し、道徳とは個に内面化された内的拘束力である。そこでの判断基準は道徳に照らしての是非である。外的拘束力は、それが公然と白日の下に晒されなければ免れることも可能である。しかし、道徳における内的拘束力はそうはいかない。他者が知っているか否かではなく、自らの良心（conscience）に照らして是か非かという罪意識である。

　このようなことから、個の外的拘束力となって機能するのが法律であり、個の内的拘束力となって機能するのが道徳である。これら異なる性格を有する両者を単純に比較することの意味はあまりないが、他律（heteronomy）から自律（autonomy）へという個の人格的発達側面から考えさせられる面は多々あろう。法律と道徳との根源的な差違をまとめるなら、以下のようになろう。

> 法律……個人の外面に現れた行為に対して第三者がその善悪を判断し、罰則という形で適用される。
> 道徳……個人の内面にあってその実体は見えないが、社会的行為に対する規範意識として作用する。

　法律と道徳の関係は、外面に現れた行為の規準となっている動機に占める割合でも考えられよう。例えば、交通量の全くない交差点で人が青信号に変わるのを待っている状況があったとする。横断するのに何の支障も生じないにもかかわらず赤信号で待っているといった外面的な行為について、その人はどのような動機でそうしているのかが大いに問題となる。法律に従ってのことであれば、道路交通法に違反すると自分にも他者にも危害が及ぶような場合も想定されるから信号を守るということになろう。それに対し、道徳に従ってということであれば、誰かが見ているからとか、罰せられるからといった理由ではなく、

社会的な合意形成に基づくルールとして法律が存在し、そこに定められている以上は遵守するのが当然であるといった動機で信号を守ることになろう。

　以上のようなことから、法律は規制や処罰を伴う外的拘束力としての社会的規範であるのに対し、道徳は個人の内的拘束力として作用する個人的規範なのである。

③　道徳と宗教との関係

　人間の思想や生き方に影響を及ぼす人格に固有な属性として見た場合、道徳と宗教との関係性はかなり密接なものであるとするのが一般的であろう。事実、世界の少なからぬ国々の道徳教育では、その根幹的な部分を宗教的教義や戒律等に依拠している場合も少なくない。個の内面を規定する内的拘束力という点では、道徳の総体としての道徳性も、宗教の基となっている原典や教義から派生する宗教性も、個人が現実的に置かれている自己の状況を「より善い」ものに向上・改善しようとする精神的な働きという部分ではまさに符合するものである。

　もし、両者にその差異を求めるとするなら、道徳性は個の主体的意思力が前提となって内的拘束力として機能するのに対し、宗教性はその基となる教義や戒律を受容して遵守しようとする個としての内的意思力である。つまり、遵守すべき規範としての道徳的価値観形成を自らの主体的意思で行うか、本来的に望ましいものとして存在する宗教的価値観を受容して自らの主体性をもって規範の則った生き方の実現を目指すのか、要はその差異である。前者は家族や地域社会における小集団や国家といった単位でのコミュニティー内で共有する価値観とか、合意形成を図ることが可能な共通の価値観とはなかなかなりにくい。それに対し、宗教的価値観の共有は極めて容易であり、時には盲目的服従による暴走も懸念される様相を含んでいる。

　ここまでで明らかなように、個人の内的規範として作用する道徳的価値観、言い換えるなら道徳的傾向性としての道徳性を精査していくと、そこには不可分な要素として宗教性も密接に関連してくるのである。古来より受け継がれてきた戒律や黄金律と称されるものは、その源を辿ればほぼ相違なく宗教に由来するのである。その点からすれば、特定宗教の影響力が強い社会にあっては、

それが道徳教育の代替機能を果たすことになる。よって、移民による異教徒が多数派でない国の中には、「宗教」の時間が道徳教育として位置付けられている場合も少なくないのである。ちなみに、わが国の公立学校における道徳教育では、教育基本法において政教分離の原則が示され、非宗教性を貫いている。

教育基本法

（宗教教育）

第15条　宗教に関する寛容の態度、宗教に関する一般的な教養及び宗教の社会
　　生活における地位は、教育上尊重されなければならない。

2　国及び地方公共団体が設置する学校は、特定の宗教のための宗教教育その
　　他宗教的活動をしてはならない。

　私立学校にあっては、道徳教育に替えて宗教教育を実施してもよいことになっている。だが、その実施方法によっては宗教教育がそのまま道徳教育と同様の機能を果たすとは限らない。宗教教育と一口にいっても、その実施方法や内容は広範に及び、場合によっては学習指導要領に示された道徳教育の成果が期待できないようなことも考えられよう。

　例えば、宗教教育として特定宗教の教義のみを指導するような場合、果たして道徳教育で取り上げるような内容を網羅し、目標を達成できるのか、甚だ疑問であろう。また、高校「倫理」で取り上げる先哲の思想と同様に、宗教的知識教化であっても、やはり道徳教育で目指すような教育成果は期待できないであろう。やはり、宗教教育で道徳と振り替える場合には、宗教の教義や知識のみでなく、宗教的情操教育まで踏み込んでの人格形成を意図していく必要があろう。

　そのような宗教的情操育成に主眼を置いた教育で取り上げる道徳的価値、例えば生命尊重とか、他者への思いやり、社会奉仕や勤労等々は、非宗教性を原則とした道徳教育よりも宗教体験（宗教的儀式や雰囲気に連なる感性的・感覚的体験）を伴って切実性ある個々人の生き方として内面化されよう。むしろ、非宗教性を前提にした場合、その道徳教育で取り上げる指導内容に対する国民の合意形成こそが難しい面もあろう。ここに、非宗教性を貫く道徳教育の難しさ

と課題が残されているのである。

　要は、妄信的に特定宗教に偏することなく、教育基本法第15条に述べられているような宗教に対する寛容さ、宗教に対する理解をもって共存を図っていく姿勢が大切なのである。

（3）道徳性と社会性との違いは何か

①　学校教育は道徳的社会化である

　ここまで述べてきたように、道徳教育は人間の在り方、生き方にそのまま関わる根本問題を正面から取り上げる教育活動である。よって、授業での結論めいたものを安易に求めたり、子供個々に異なる道徳的なものの見方、感じ方、考え方を一律の教育成果として見出そうとしたりすることは無意味なことである。むしろ、人は誰しも日々の生活の中で様々な事態に遭遇し、喜怒哀楽といった人間としての自らの内にある自然性に翻弄され、戸惑ったり、迷ったりしながら生きている。時には有頂天になって喜びはしゃいだり、時には嘆き・悲しみの中で奈落の底に突き落とされたり、悲喜こもごも渦巻く自らの内面的感情と対峙し、抱え悶えながら生きる存在でもある。そんな中で自らがどう生きるのかという拠り所、生き方の確立を知らず知らずに自らの内に求めるのである。善を志向し、その価値を日常生活場面で実現しようとするところに道徳の意味があり、そのための道徳的なものの見方、感じ方、考え方を鍛え高めることで実践化への意志力や態度を育成していくところに道徳教育が成り立つということになろう。

　また、その過程ではデュルケームが指摘する社会的事実としての道徳教育の側面も否定するわけにはいかない。人間が社会的存在である以上、デュルケームの言うように、教育の目的は子供が将来参加するであろう集団や社会の要求する一定の身体的・知的・道徳的状態を子供に出現させたり、発達させたりする意図的かつ継続的、組織的な方法論的社会化の過程が教育であるとした側面も否定できない。子供に社会の一員として行為し得る「人間としての在り方・生き方」を自覚させるため、学校における教育活動全体を通じて包括的に指導するのが道徳教育である点からするなら、そこ求められる社会的資質・能力も

緊密に結び付いてこよう。それらが、道徳的実践を基底で支える道徳的知識や判断力、態度といった要素で構成される「道徳知＝道徳力」を形成しているわけである。このような学校で身に付ける学力の総体である学校知そのものと重なりあう特質を考慮するなら、道徳教育は学校教育の究極目的である人格形成を目指して道徳的諸価値を個々に内面化させる道徳的社会化（moral socialization）を意図した包括的な営みであると説明できるのである。

②　道徳教育の基底にあるのは人間力の育成

　小・中学校学習指導要領に示されたわが国の学校教育の目標は、そのまま道徳教育の目標と重なり合うことは既に述べた。つまり、わが国の学校教育における最重要課題は究極的に人格形成なのである。この点は、諸外国からよく指摘されるわが国教育の特質でもある。わが国教育の特質については、以下のような点がよく挙げられる。

　　A. 子供の教育に熱心な国民性であること

　　B. 教育の根本的な目的を知識・技能よりも人格形成に置いていること

　　C. 教育における平等性を強く求める傾向にあること

　長い鎖国の時代から脱し、教育によって一気に近代国家の道を邁進してきたわが国の社会的・文化的背景や、それを価値あるものとして支持してきた国民性が学校教育における人格形成といった部面に高い評価を置く傾向となっているのかもしれない。事実、それを象徴するように、教育界のみならず、産業界等からも事ある毎に「人材育成」、「人間力の強化」が叫ばれるのである。このように国民がこぞって求める「人間力」とは一体どのようなものなのであろうか。この点をまず明確にしないと、それを道徳教育でどう育むのかといった論理的方略も方法論的方略も見出せないことになる。わが国の教育の特質という視点から、道徳教育における人間性の捉え方について明らかにしておきたい。

　この点を究明するためには、まず、わが国における道徳観や倫理観のルーツを辿っておく必要があろう。なぜなら、それらは日本の文化や伝統に深く根ざして今日に至っているからである。

　例えば、わが国には古来より「お山」、「お水」といったように個物へ敬語をつけて呼ぶような習慣がある。この前提となっているのは、おおよそ温帯気候

に位置して豊かな自然や風土と一体になって生きてきた日本人固有の共栄・共存をよしとする共生的思想、いわば天地万物に至る一体感に根ざした自然観や人間観、社会観である。

　事実、古事記や万葉集に度々登場する「清明心（きよきあかきこころ）」という言葉も古来より日本人の生き方を明確に象徴していると考えることができよう。この清明心は、明朗で裏表がない誠実な心を意味し、社会共同体の秩序を重んずる人間礼賛の考え方である。そして、自然や社会共同体の中で人々が調和する行為基準の前提となる寛容性と謙虚さ、さらには祭礼等に象徴されるような社会共同体の一員としての融和と奉仕の精神に基づいた道徳観・倫理観が精神風土となって今日まで連綿と引き継がれてきたことは否めない事実であろう。これらは、次世代を担う子供達に対するわが国固有の道徳教育根本原理となっていることを忘れてはならないし、人格形成に多大な影響を及ぼしていると考えられよう。

　このような感性的人間観は、人間としてのありのままの姿としての自然性（human nature）に基づいて物事を深く感じ取る心の働き、感性（sensitivity）に裏打ちされた人間理解の視点である。カント哲学的に捉えるなら、感性とは感覚的能力であり、物事を思考・判断して認識する能力としての悟性や論理的かつ統一的な認識能力としての理性からは区別される。つまり、人間誰しもが本来的にもっている自然性としての善さが主体的に選択され、実践されるような資質・能力が「人間力」ということになる。それは、即ち道徳力である。

　道徳教育における人間力を想定した場合、そこには物事の判断・理解力といった認知的側面、目的の伴う具体的な行為としての行動的側面のみでは不十分である。さらには、心が動く、心が通い合うといった自分や他者への感性的な眼差しとしての情動に基づく理解や判断、行為への身構え等といった情意的側面が何よりも重視されよう。人間固有の道徳観、倫理観の前提には、このような感性的人間観に拠った人間理解の視点が不可欠である。もちろん、人間理解というは容易いが、それはあまりにも複雑かつ不可解である。

　このような多面的な顔をもつ存在としての人間、感性的人間観に裏打ちされた人間に内包する「人間力」としてのコア・コンピテンシー構成要素を想定するなら、以下のような3点が考えられよう。

　A. 人間としての自然性に根ざした自己制御的要素

　B. 社会的存在として調和的かつ規範的に生きるための人間関係構築的要素

　C. 自他存在の尊重と自律的意志に基づく価値志向的要素

　人間は誰しも心の中で「明日は今日よりも善く生きたい」という本質的な願いをもっている。その点を考慮するなら、性善説にその基盤を置きながら、一見捉えどころのない存在としての人間を複眼的に理解していこうとする眼差しを豊かにすることこそ、道徳教育では何よりも大切な姿勢であるに違いない。

　また、感性的な人間理解という点では、その道徳的行動を支える個々人の規範意識、道徳的価値観をどう捉えるのかという部分も大いに考慮しなければならない。例えば、傍目には道徳的に立ち振る舞っているように見えたとしても、それを当人がどう自覚して行為しているのかという点は、それこそ本人のみしか知るよしのないことである。いや、道徳的な振る舞いをしている当人自身も本質部分で何も自覚化していないことが起こっても不思議なことではない。

　この点についての検討は、アメリカの心理学者 E. チュリエルの（Elliot Turiel, 1983年）の領域特殊理論（Domain Specific Theory）という考え方が参考になる。

　チュリエルの主張する領域特殊理論[10]とは、人間の社会的知識には質的に異なった独立領域（「道徳：moral」、「慣習：convention」、「個人：personal」）があり、その時々になされる様々な社会的判断や社会的行動は「道徳」、「慣習」、「個人」の各領域での知見が調整された結果であるとするものである。そして、それら各領域での知識獲得の文脈やプロセスは全く異なっているという主張が領域特殊理論の枠組みである。

　チュリエルによれば、最初の「道徳」領域は道徳的価値を土台に構成される知識で、その運用は価値基準に照らしての判断・行動となる。また、2番目の「慣習」領域の知識は家族や仲間集団、学校、会社等々の社会組織を成立させている要素への理解である。よって、「決まりがあるから」といったことが運用基準となる。3番目の「個人」領域の知識は、その判断や行為の影響が個の範疇に留まる運用基準である。いわば、個人の許容範囲といった認識である。

　例えば、「虚言」を取り上げるなら、「道徳」領域で言えば「人を欺く嘘をついてはいけない」ということになろうし、「慣習」領域で言えば「法律で罰せられたり、組織内で批判されたりするから嘘をついてはいけない」となろう。そして、「個人」領域では「周りに迷惑を及ぼさなければ個人の自由だ」ということになる。もっとも、難病の告知といった人間愛の視点からの虚言もあるので安易な適用は慎まなければならないのは当然であるが、それ以上に各領域における発達的側面が重要であろうと考える。

　では、なぜこのような側面を重視しなければならないのであろうか。それは、人間の道徳的行為を可能にするや道徳性を育んでいく際にどのような方法、指導の手立てを講ずればよいのかという点と緊密に関連するからである。

　道徳教育で取り上げる内容は「道徳」、「慣習」、「個人」の各領域それぞれのものが混在して全体的な価値構造を構成している。ならば、その程度によって一律の指導方法では対処できないことも多かろうと考えるのは自然な発想である。つまり、教師が懸命に指導したとしても、その方法論に適切性が伴わなければ道徳教育の目的は達成されないのである。

　道徳教育では、「琴線に触れる」とか「心に響く」といった用語が好んで使われる。しかし、感性的人間観に基づく子供理解の視点や、人間力育成のプロセスで求められる資質・能力を明確にしておかなければ、そのような働きかけは子供達の心に響いていかないのではないかと懸念するのである。教師の道徳指導に際しての盲点、それを明確な視点で指摘しているのがチュリエルの「領域特殊理論」であろう。

③　道徳性と社会性の関連性と差異とは

　道徳教育の目標として掲げられている「道徳性を養う」とは、何か特別な人生の高みを目指すために必要な資質・能力を求めているわけではない。一人の尊重されるべき存在である子供が、将来的に一個の独立した社会人として、職業人として、家庭人として、自分の善さを発揮しながら幸福な人生を送ることができるようなトータルな資質・能力としての豊かな人間性を意味している。その人間性という、人格全体部分に関わる資質を構成する主要素が「道徳性（morality）」であり、「社会性（sociality）」である。道徳性のみでも、社会性の

みでも、豊かな人間性の育成という視点では十分ではない。言わば、道徳性と社会性は相互補完的に対になって機能してこそ、人格陶冶という部分で意味をもつものなのである。

　このように、社会性と道徳性とは相互補完的な関係にあり、単独で存在するわけではない。日常生活の中で社会性が望ましい形で発揮されるためには、その前提として道徳性の獲得が不可欠であるし、個の内面に培われた道徳性が日常生活の中で望ましい形で実践されるためには、その支えとして社会性の獲得が不可欠である。両者に共通するのは、社会的存在として生きる人間の「望ましさ」である。

　この両者の関係について発達心理学者の首藤敏元（1995年）は、「社会性は向社会的な方向に発達する。道徳性は社会性の価値的側面として、その発達の方向を規定している」[11]と明快に説明している。つまり、道徳性は個人と他者との望ましいかかわり方の価値付けの方向性が個の内面に向くのに対して、社会性は個人と他者との望ましい関わり方の価値付けの方向性が個と他者との関係性そのものに向くのである。そして、その共通項は、他者と共によりよく生きるという「望ましさ」なのである。

図4-1　道徳性と社会性の相互補完関係

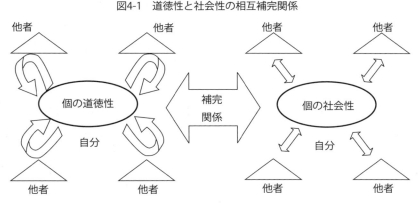

★道徳性は個と他者との望ましい関わり方の価値づけの方向性が個の内面に向き、一方、社会性は個と他者との望ましい関わり方の価値づけの方向性が個と他者との関係性に向く。

（4）道徳性としての道徳的習慣・道徳的慣習とは

　小・中学校学習指導要領解説『特別の教科　道徳編』には、「道徳性とは、人間としてよりよく生きようとする人格的特性であり、道徳性を構成する諸様相である道徳的判断力、道徳的心情、道徳的実践意欲と態度を養うことを求めている。これらの道徳性の諸様相は、それぞれが独立した特性ではなく、相互に深く関係しながら全体を構成しているものである。従って、これらの諸様相が全体として密接な関連をもつように指導することが大切である」[12]と述べられている。しかし、研究者はもちろんのこと、日々子供と対峙する学校教育関係者であっても、道徳性という用語の概念については様々な解釈で理解しているような場合も少なくない。例えば、基本的な生活習慣の形成＝道徳性といった理解であったり、先に述べた他者との人間関係構築力としての社会性＝道徳性といった理解であったりといったようなことである。極端な場合は、「躾」＝道徳性の涵養と公言して憚らないようなことすらある。

　道徳性は個の内面的な精神作用であるだけに、その解釈を巡っては「これ」といった明確な納得解は見付からないのである。ゆえに、学習指導要領で説明されている道徳的判断力、道徳的心情、道徳的実践意欲と態度、といった道徳性の構成要素についても不可分一体なものを便宜的に区分して説明しているといった理解の方が実際的なところであろう。しかし、それでは公教育としての道徳教育指導において一貫性を欠くこととなる。そのような観点から道徳性の諸様相を共通理解し、統一的な見解の下に一貫性の伴う教育計画と具体的な実践を行っていく必要があるのである。

　道徳性の諸様相についての解釈は上述の通りであるが、躾や基本的生活習慣の形成、限定された集団・社会内の望ましさに関する取り決め事、といった道徳性概念から派生する部分について整理しておきたい。

道徳性…………道徳的判断力、道徳的心情、道徳的実践意欲と態度という諸様
　　　　　　　相で説明される人格的特性。
道徳的習慣……社会的存在である人間として望ましいとされるルール、マナー、

> エチケットと称されるような意図的な行為。
>
> 道徳的慣習……限定された集団内や地域、組織といった小社会内において暗黙
> 　　　　　　的了解として承認されている望ましさとしての規範。

　手元に置いて多年世話になっている『新道徳教育事典』の冒頭にとても的確
かつ納得できる説明がなされていた。少し長いが引用しておきたい。

> 　「道徳という言葉は、特に日本語の場合、とかく誤解と偏見を招きやすい。
> 道徳という言葉から連想されるのは、人間のごくありふれた普段着の姿ではな
> く、納まり返った晴れ着の姿である。そこで道徳教育というと、いきなり聖人
> 君子の育成とまではいわないにしても、ともかく立派な人間をつくるというよ
> うな、窮屈で重苦しい意味に取られることが多いのである。しかし、道徳と
> は、人間以外についてはいわないのであって、たとえば犬の道徳とか猫の道徳
> とはいわないのであって、道徳をどのような意味で用いるにもせよ、ともかく
> も人間の、人間としての、人間らしい良さ、の意味であることだけはまちがい
> ない。とすれば、道徳性とはつまるところ人間性にほかならず、道徳的とは人
> 間的ということにほかならない。道徳教育はいきなり大げさなことではなく、
> 人間らしい人間、まともな人間を育てようというだけのことである」[13]

　如何であろうか。袴を着た道徳、改まった道徳、何か特別なハレの日の道徳
等々のイメージが付きまとい、当事者である筈のわれわれ一人一人が自らの内
面で否が応でも立派なものとして祭り上げてしまっているのである。よって、
気楽に取り付きにくい、日常生活事として語りにくいといったネガティブな印
象を抱かせてしまうのである。それを普段着の日々の生活場面に引き出すこと
で、「道徳性」という用語に本来的な意味が与えられると考えるものである。

2　わが国の道徳教育が歩んだ足跡を辿ろう

（1）修身科時代における道徳教育

①　道徳授業としての「修身口授」の開始

わが国において今日のような学校教育制度が整備され、その枠組みの中で道

徳教育が開始されたのは、明治5（1872）年8月に明治新政府の下で実施された学制発布（学制頒布^{はんぷ}）以降のことである。

　その精神は学制に先立って前日に発せられた太政官布告「学事奨励ニ関スル被仰出書^{おおせいだされしょ}」にある「邑に不学の戸なく家に不学の人なからしめんことを期す」という一文に象徴されているといっても過言ではないだろう。それまでの武家支配による幕藩体制下にあっては、各藩の師弟を対象とした藩校や郷学校、一般庶民を対象とした寺子屋等々で地域の実情に即した教育が施されていた。その拠り所となる教育内容も一様ではなかった。それが学制によって、全国的な拡がりをもった均質な教育制度へと転換を遂げることとなったのである。まさしく、国家主導による近代公教育制度の幕開けである。わが国の道徳教育の起源もここにある。小学校における「修身口授^{ぎょうぎのさとし}」と呼ばれた初等科の学科目が、まさしく道徳教育の第一歩であった。

　なお、ここでいう学制とは、全国を8大学区にし、1大学区に32中学区を置き、1中学区に210の小学区を配置することで全国に5万3760校の小学校を設立しようとする壮大な教育制度の布達である。当時の新政府では学制実施の順序を大学、中学校の設置よりも、まずは全国津々浦々まで小学校を設立させることが最優先課題であった。事実、3年後の明治8（1875）年には小学校数が全国で2万4303校、児童数は193万人余りに達している。その急速な普及を支えたのはそれまでの旧時代の教育を担った寺子屋の師匠、私塾や藩校教師、神官、僧侶、武士等である。その人たちが教師となり、急場しのぎに寺院、民家を転用して開校したから一気に学校が普及したのである。

　小学校については、尋常小学の他に女児小学、村落小学といった種類を規定しているが、教科の教授要旨や使用する教科書について「小学教則」で定めてあるのは尋常小学のみで、下等学校（6歳〜9歳まで）と上等小学（10歳〜13歳まで）の2段階構成で実施された。そこでの教科構成は、綴字、習字、単語、会話、読本、修身、書牘^{しょとく}（手紙文）、文法、算術、養生法、地学大意、理学大意、体術、唱歌（当分は欠いても可）の14教科であり、今日の道徳の時間に相当する修身科は6番目に置かれていた。なお、この修身科は政府制定の小学教則では「修身口授^{ぎょうぎのさとし}」となっており、教師が談話によって生徒に必要な倫理道徳

を授けるものであった。

　修身口授は第1学年前期の第8級から第2学年後期の第5級までの2年間において週1〜2時間程度の位置付けで、あまり重要視されてはいない。上級での教科書としては欧米の倫理道徳を主とした翻訳書が用いられ、修身科として独立させずに読本の一部として実施された。当時の教科書としてはフランスの小学校教科書を翻訳した箕作麟祥の『西泰　勧善訓蒙』、イギリスのチャンブルの教訓的寓話集を翻訳した福沢諭吉の『童蒙教草』、アメリカのウェーランドの倫理書を翻訳した阿部泰蔵の『修身論』等はよく知られたところである。

　ただ、それらは西洋でギリシャ哲学から培われてきた道徳思想であり、わが国の神道や仏教、儒教を拠り所とした道徳思想と根本部分で異なるものである。これら教科書の未整備もあるが、人格形成といった人間力陶冶が重要視されていないまま混乱期が続いたわが国の学校教育制度の実情が浮かび上がってくる。それは欧米列強の中で近代化を急がなければならなかったわが国において、まず最優先すべきは近代諸科学の導入を前提とした知育偏重教育であったからである。

②　文明開化の知育重視から徳育重視への転換

　近代教育制度下での知育偏重も、明治10年代になると西洋の知識を取り入れることで急激な近代化を推し進めようとする文教政策への批判が噴出することとなる。それは、学校に就学させることで子弟の立身出世や治産昌業につながるという理想が破綻をきたしたからである。また、重い税負担と厳しい就学督促に対する不満ばかりでなく、わが国の伝統的な国学や儒教思想と結び付いた皇国思想も台頭してきたからである。明治12（1879）年、学制に代わって制定された教育令（画一的な学制の中央集権化を改めて財源も含めて地方へ権限を委譲しようとしたため自由教育令と称される）への反発から明治天皇の侍講であった儒学者の元田永孚（1818〜1891年）が起草した「教学聖旨」が国民教育の根本方針として示される。この教学聖旨は明治天皇が各地を巡幸して教育の実情を視察したことを受け、国民教育の根本方針を示すという形式を取っており、後の「教育ニ関スル勅語（教育勅語）」の前段階をなすものである。

　教学聖旨は「教学大旨」と「小学条目二件」とから構成され、前者において

はわが国教育の根本精神は「仁義忠孝」を説く儒教の教えを中心とし、それから西洋の知識・技術を学ぶべきである旨が述べられている。そして、後者では小学校の幼少期には「仁義忠孝」の道徳観を明確に教え込み、それが長じてやがて実用に即した実際的な教育として行うべきであると述べている。それらは古典や中国、日本の逸話を中心に「仁義忠孝」を核とする徳目にまとめられ、『幼学綱要』として宮内省から全国の学校に頒布されたのである。いわゆる、徳を教授するという徳目主義道徳の開始である。

　この教学聖旨を受け、明治13（1880）年に政府は改正教育令を公布した。この改正教育令の特色は学校の設立や運営、就学義務等を厳しく規定したことである。翌年には「小学校教則綱領」も定められ、小学校教則や教科書、就学督促、教員の資格・免許状、学校管理の詳細な規定に基づいた国、各府県という学校教育の組織化が行われたのである。その根幹にあるものは、西洋崇拝から儒教主義を基本とする皇国思想への転換である。当然、修身科は筆頭教科となり、「小学校教員心得（明治14（1881）年）」や「学校教員品行検定規則（同年）」では、「尊皇愛国ノ志気」を喚起すべきと道徳教育の重要性を鼓舞したのである。ここでの道徳教育の主眼は個々人の人格的成長ではなく、国家意識の涵養であったことは言うまでもない。

③　修身科の精神的主柱としての「教育ニ関スル勅語」

　わが国の学校教育制度の基礎が固まったのは、明治18（1885）年に内閣制度が設けられ、文部省が設置されてからである。初代文部大臣となった森有礼（1847～1889年）は、帝国大学令、師範学校令、中学校令、小学校令（諸学校令）を次々に公布した。小学校は尋常小学校4年、高等小学校4年の二段階と定められ、尋常小学校就学が義務化された。

　明治23（1890）年に公布された「小学校令」の第1条には、「小学校ハ児童身体ノ発達ニ留意シテ道徳教育及国民教育ノ基礎並ニ其生活ニ必須ナル普通ノ知識技能ヲ授クルヲ以テ本旨トス」と記されている。この規定は、太平洋戦争が勃発した昭和16（1941）年の国民学校令公布まで続くものである。ここに国家道徳を大義としたわが国の戦前道徳教育の礎が確立されたのである。その際、学校における徳育の大本となり、教育の基本方針となるべく天皇から国民に下

賜されたのが「教育ニ関スル勅語」、いわゆる「教育勅語」である。

　明治24（1891）年制定の「小学校教則大綱」では、「修身ハ教育ニ関スル勅語ノ旨趣ニ基キ児童ノ良心ヲ啓培シテ其徳性ヲ涵養シ人道実践ノ方法ヲ授クルヲ以テ要旨トス」と述べられている。

教育ニ関スル勅語（原文）

朕惟フニ我カ皇祖皇宗國ヲ肇ムルコト宏遠ニ徳ヲ樹ツルコト深厚ナリ
我カ臣民克ク忠ニ克ク孝ニ億兆心ヲ一ニシテ世世厥ノ美ヲ濟セルハ
此レ我カ國體ノ精華ニシテ教育ノ淵源亦實ニ此ニ存ス
爾臣民父母ニ孝ニ兄弟ニ友ニ夫婦相和シ朋友相信シ恭儉己レヲ持シ
博愛衆ニ及ホシ學ヲ修メ業ヲ習ヒ以テ智能ヲ啓發シ德器ヲ成就シ進テ
公益ヲ廣メ世務ヲ開キ常ニ國憲ヲ重シ國法ニ遵ヒ一旦緩急アレハ義勇
公ニ奉シ以テ天壌無窮ノ皇運ヲ扶翼スヘシ是ノ如キハ獨リ朕カ忠良
ノ臣民タルノミナラス又以テ爾祖先ノ遺風ヲ顯彰スルニ足ラン
斯ノ道ハ實ニ我カ皇祖皇宗ノ遺訓ニシテ子孫臣民ノ俱ニ遵守スヘキ所
之ヲ古今ニ通シテ謬ラス之ヲ中外ニ施シテ悖ラス朕爾臣民ト俱ニ拳々
服膺シテ咸其德ヲ一ニセンコトヲ庶幾フ

明治二十三年十月三十日
御名御璽

教育に関する勅語（靖国神社　国民道徳協会による現代訳）

　私は私達の祖先が、遠大な理想のもとに、道義国家の実現を目指して、日本の国をおはじめになったものと信じます。そして、国民は忠孝両全の道を全うして、全国民が心を合わせて努力した結果、今日に至るまで、美事な成果をあげてまいりましたことは、もとより日本のすぐれた国柄の賜物といわねばなりませんが、私は教育の根本もまた、道義立国の達成にあると信じます。

　国民の皆さんは、子は親に孝養をつくし、兄弟、姉妹は互いに力を合わせて助け合い、夫婦は仲むつまじく解け合い、友人は胸襟を開いて信じあい、そし

て自分の言動をつつしみ、すべての人々に愛の手をさしのべ、学問を怠らず、職業に専念し、知識を養い、人格をみがき、さらに進んで、社会公共のために貢献し、また法律や、秩序を守ることは勿論のこと、非常事態の発生の場合は、真心をささげて、国の平和と安全に奉仕しなければなりません。そして、これらのことは、善良な国民としての当然のつとめであるばかりでなく、また、私たちの祖先が、今日まで身をもって示し残された伝統的美風を、さらにいっそう明らかにすることでもあります。

　このような国民の歩むべき道は、祖先の教訓として、私たち子孫の守らなければならないところであると共に、このおしえは、昔も今も変わらぬ正しい道であり、また日本ばかりでなく、外国に行っても、間違いのない道でありますから、私もまた国民の皆さんと共に、父祖の教えを胸に抱いて、立派な日本人となるように、心から念願するものであります。

明治二十三年十月三十日

明治天皇の名前と印鑑

　教育勅語は315文字で構成され、主な徳目（評価が定まった道徳的価値）が12項目含まれている。教育勅語の功罪を巡っては今でも根深い賛否両論があり、道徳教育推進の足かせとなっている。以下に、徳目を列挙するが、これらの道徳的内容は現代のわが国にも必須なものであることを確認しておくべきである。

　要は、教育勅語の内容構成ではなく、その指導における拡大解釈や方法論に国家主義思想が色濃く滲み、結果的に修身科のみならず学校教育の全てが政治に翻弄される結果となったことを理解しておきたい。

【教育勅語12の徳目】

1．孝行：親に孝養をつくしましょう。
2．友愛：兄弟・姉妹は仲良くしましょう。
3．夫婦の和：夫婦はいつも仲むつまじくしましょう。
4．朋友の信：友だちはお互いに信じあって付き合いましょう。
5．謙遜：自分の言動をつつしみましょう。
6．博愛：広く全ての人に愛の手をさしのべましょう。

　7．修学習業：勉学に励み職業を身につけましょう。

　8．智能啓発：知識を養い才能を伸ばしましょう。

　9．徳器成就：人格の向上につとめましょう。

10．公益世務：広く世の人々や社会のためになる仕事に励みましょう。

11．遵法：法律や規則を守り社会の秩序に従いましょう。

12．義勇：正しい勇気をもって国のため真心を尽くしましょう。

　＊その他「一旦緩急アレハ義勇公ニ奉シ」：国難に際しての国民の務め

　わが国の徳育教育および学校教育の根本としての教育勅語が教育界に及ぼした影響力の絶対性は、天皇から示された国民への教育方針として、文部大臣へ下賜されるという手続きをとったことにある。国民は必然的に「奉戴(ほうたい)」されたという事実に基づいて強制されることとなり、文部大臣の「勅語奉承に関する訓示」を受けて各学校では印刷謄本(とうほん)が下賜され、奉読式を執り行うこととなったのである。以降、祝祭日には奉読し、訓告する儀式が制度化されたのである。もちろん、当時の検定教科書制度に及ぼした影響も計り知れない。

④　修身科の変遷と国家の趨勢

　わが国では明治36（1903）年以降、国が指導内容を定めた教科書国定制度が確立するが、それまでは検定教科書制度となっていた。その検定教科書期は、およそ3期に分けられる。

　検定教科書期における特色は、学年別に編纂されていたこと、つまり、子供の発達的視点をもった近代教科書であり、均質な教育内容を全国津々浦々まであまねく効率的に普及させる役割を果たしたのである。

第1期（初期）………明治19（1886）年の小学校令公布期の教科書で、学年設定
　　　　　　　　　　および教育内容の標準化が図られた。

第2期（中期）………明治23（1890）年の小学校令、翌年の小学校教則大綱に準
　　　　　　　　　　拠し、「教育勅語」の精神が盛り込まれた。

第3期（後期）………明治33（1990）年の小学校令改正・小学校令施行規則に基
　　⇩　　　　　　　づく教科書記載内容の統一化（かなづかい、漢字使用範囲
　　　　　　　　　　等）が図られた。

> 明治34（1901）年　各地で採択教科書を巡る疑獄（贈収賄）事件発生。
> 明治36（1903）年　「小学校教科用図書翻刻発行規則」を制定し、翌年より国
> 　　　　　　　　　　定教科書が使用開始された。

　教育というと思い浮かべるのが、教師と子供、それと主たる教育内容として
の教科書（教材）である。教科書の内容が統一され、子供の発達段階、発達特
性に応じて編纂されるということは、教育制度上の大きな変革である。かつて
の寺子屋や手習い塾等に見られた教育関係は、教師が対面する生徒に往来物と
いった庶民的教材を教育内容（社会生活で求められる知識や立ち振る舞い）と
して対話や所作によって伝達（問答：dialogue）していくという「滲み込み型」の
形式が主であった。また、その前提は子供の学びの状況に合わせた子弟の関係
を前提に成立したのである。それが近代教育制度の下で教科書が発達すると様
相が一変する。教師と子供の個と個の関係性は、教科書を介した教師から大勢
の子供への一斉伝達（教師対複数のとりたて指導：mass-logue）へと転換するの
である。当然、修身科による道徳教育においても例話による修身口授の時代か
ら徳目（予め価値あるものと定められた内容）をあまねく効率的に刷り込むため
のカリキュラムに基づいた教え込み型指導スタイルへと変化をもたらすのであ
る。教育勅語の渙発（詔勅発布）や検定教科書制度がわが国の戦前道徳教育に
与えた影響は計り知れない。

⑤　修身科と国定教科書の変遷

　国定教科書制度への移行の発端は、修身科にあるといってよい。検定教科書
制度下での修身科は、当初、教科書を用いない方針であった。しかし、教育勅
語の渙発によって、その浸透を図るために方針転換したものである。そこでの
修身科教科書は教育勅語に基づいて編纂され、毎学年そこに示された徳目をく
り返して学ぶという「徳目主義」に則った教科書であった。それも明治30年代
になると、当時のわが国で主流をなしていたヘルバルト主義（ドイツの教育学
者 J. F. Herbart に連なる学派の人々が提唱した「予備」→「提示」→「比較」→
「総括」→「応用」といった段階教授説）に基づく模範的な人物の逸話を中心に
編纂した「人物主義」へと変化し始める。

　国民の就学率が93％に達した明治36（1903）年からの修身科国定教科書は国民思想の基本となる教科書であるため、文部省は修身教科書調査委員会を設置し、3年余を費やして徳目主義と人物主義とを併用するかたちで編纂し、翌年から使用が開始された。以降、国定教科書は国内・外の社会情勢を踏まえ、4度改訂されて太平洋戦争以降の民主主義教育へと引き継がれていくこととなる。国定教科書の各時期の特色は以下のようにまとめられる。

第1期国定教科書期：明治37（1904）年4月〜　折衷型教科書
　＊検定教科書時代の徳目主義と人物主義との折衷型で、各課の題目は学校、個人、家庭、社会、国民の各領域に分けられた徳目主義、内容は人物主義で近代的市民倫理も取り入れられている。

第2期国定教科書期：明治43（1910）年4月〜　家族国家観型教科書
　＊義務教育が6ヶ年に延長されたこの時期、国家主義的色彩が濃く、皇室および国家に対する徳性の涵養、前近代的な家族倫理が強調され、国家道徳・国民道徳が基調となっている。また、取り上げる人物も外国人は極力排除され、第1期の13人から5人へと激減している。徳目主義と人物主義の折衷調和が特徴である。

第3期国定教科書期：大正7（1918）年4月〜　国際協調型教科書
　＊第1次世界大戦後の大正民本主義、児童中心主義を基底にした新教育運動の最中に改訂された国定教科書である。その社会的背景が反映され、国際協調色が色濃くなっている。第2期の儒教的な国家主義、家族主義的な内容が削減された反面、公益や共同といった社会倫理的な内容、諸外国の事例が大幅に増加している。

第4期国定教科書期：昭和9（1934）年4月〜　超国家主義型教科書
　＊世界恐慌、労働運動弾圧、満州事変勃発という世相の中で、一気にファシズムが台頭した時期である。当然、第4期教科書は子供の生活や心理を重視したり、カラー化を図ったりするなど、形式や方法論の面で第3期を引き継いでいる。しかし、内容は忠君愛国、天皇の神格化が全面に押し出された構式となっている。

第5期国定教科書期：昭和16（1941）年4月〜　臨戦教育型教科書

＊戦時下版教科書である。この年に国民学校令が公布され、尋常小学校は国民学校へとその姿を変えた。修身科は皇国思想や戦時下の臣民の心構えを思想統制する重要な科目である。昭和16年には、小学校1、2年用「ヨイコドモ」、翌年には3、4年用「初等科修身」、翌々年には5、6年用同名書が使用された。内容面では軍国主義一色で、神話が歴史的事実であるとして取り扱われたり、戦争を神国日本の聖戦と位置付けたりと、極端かつ異常な編纂方針であった。

この5期に及ぶ改訂をみた国定教科書の時代も、昭和20（1945）年8月15日の太平洋戦争敗戦をもって終了する。連合国軍の占領下にあって、修身科も昭和20年12月31日に GHQ（General Headquarters：連合国軍最高司令官総司令部）指令「修身、日本歴史及ビ地理停止ニ関スル件」をもって正式に教科としての役割を終えた。

修身科の果たした役割については現在においても様々な評価があって見解も分かれるが、最大の問題点は道徳的行動様式を知識として教授するという方法論にある。個々人への内面化という点で、道徳的知見と日常的道徳実践との乖離があったことは間違いのない事実である。

（2）戦後道徳教育不振と道徳教育忌避感情

①　「道徳の時間」特設までの経緯

太平洋戦争敗戦によるわが国の政治、経済、教育等における社会制度の抜本的改革は多くの困難と課題を露呈することとなった。教育においては、教育勅語と修身科の取扱いが GHQ、日本政府いずれにおいても大きな課題であった。

教育勅語を最高理念とする修身科による道徳教育からの転換開始は、昭和21（1946）年3月にアメリカ教育使節団が GHQ 最高司令官に提出した報告書によってである。その報告書では、「近年の日本の諸学校において教授される修身の課程は、従順なる公民たらしめることをその目的とした。忠義心を通して秩序を保たうとするこの努力は、周知の如く社会の重要な人物に支持されて、非

常に効果的であったのでやがてこの手段は不正な目的と結びついた」と修身科停止理由を述べると共に、民主主義を永続させるためには倫理が必要であり、その民主主義は価値の多様性を表すものであるからそのための教育手段も多様である必要性を指摘し、「公民教育」を提案している。

　文部省はこれを受けて同年6月に「新教育方針」を策定し、翌年2月まで5冊に分けて発表している。特に「新日本教育の重点」では、「個性尊重の教育」、「女子教育の向上」と共に「公民教育の振興」を掲げ、「社会を構成している一員として、社会の共同生活をりっぱにいとなむために必要な知識や技能や性格を身につけさせるのが公民教育の目的である」と述べている。

　しかし、旧教育制度の枠組みの下での公民科構想は、「国民学校公民教師用書」（昭和21年9月）、「中等学校・青年学校公民教師用書」（同年10月）まで刊行したのであるが、同年11月3日日本国憲法制定、翌年5月3日日本国憲法施行に併せて制定公布された教育基本法、学校教育法に伴う新教育制度の実施で日の目を見ずに短い役割を終えたのである。

　文部省は昭和22（1947）年3月、新学校教育制度下での教育課程、教育内容、指導方法を取りまとめた「学習指導要領一般編」（試案）を公表し、同年5月の学校教育法施行規則をもって各学校における教育課程編成の基準としたのである。この一般編の後に示された社会科編（試案）の目標として掲げられた15項目の中に公民教育、道徳教育の目標を含ませ、小・中学校での道徳教育としたのである。また、昭和25（1950）年8月に来日した第2次アメリカ教育使節団が翌月にGHQ総司令官に提出した報告書では、道徳教育について「道徳教育は、ただ社会科だけからくるものだと考えるのはまったく無意味である」と指摘している。そこでは、「道徳教育は全教育活動を通じて、力説されなければならない」と述べられ、ここに、学校における教育活動全体を通じて行ういわゆる「全面主義」の道徳教育方策が打ち出されたのである。

　確かに、全面主義道徳教育の理論的妥当性はまさにその通りなのであるが、その最大の欠陥は計画的、発展的な見通しをもった道徳指導ができないことにある。言わば、子供一人一人の内面で価値を調和的に統合させて道徳的実践への意欲を喚起する指導の「要」をもたないのである。

　終戦直後にわが国が進めていた公民科構想が頓挫し、GHQ の影響下でアメリカのソーシャル・スタディーズをモデルにした社会科へと道徳教育が誘導されたことで、修身科教育の功罪に関する検証と戦後新教育下での道徳教育の方向性検討が十分になされないまま過ぎてしまったことが課題として残り、結果的に10数年に及ぶ道徳授業空白期間を生むこととなったのである。

　また、それ以上に不幸だったのは戦前の天皇制国家主義と本来的な意味での道徳教育とを意図的に同一視して指弾するといった政争の具に利用されたことである。例えば、昭和21（1946）年 8 月に戦後教育について検討するために設けられた教育刷新委員会での教育勅語を巡る激しい議論の結末は、教育基本法制定によって法的な拘束力を失うものの孔孟思想やモーゼの戒律のように存在すればよいといったような程度の議論であった。むしろ、イデオロギーを背景にした世論が教育勅語や修身科を必要以上に指弾したのである。事実、時の文部大臣であった天野貞祐が提起した修身科復活と「国民実践要領」は、昭和26（1951）年 1 月の「道徳教育を主体とする教科あるいは科目を設けることは望ましくない」とする教育課程審議会答申によって葬り去られたのである。この答申を受けた文部省は同年 2 月に道徳教育振興方策を発表し、 4 ～ 5 月に通達として「道徳教育のための手引書要綱」を作成し、社会科をはじめとした各教科、特別教育活動といった学校教育全般での道徳教育を訴えるしかなかったのである。

　それが大きく変革したのは、55年体制と呼ばれる自由党と民主党とによる保守合同によってである。昭和31（1956）年、絶対安定多数を背景に清瀬一郎文部大臣は教育課程審議会に対して「小学校中学校教育課程ならびに高等学校通信教育の改善について」を諮問し、具体的な道徳教育の検討を求めるに至ったのである。翌年に文部大臣となった松永東は、よりいっそうの道徳教育推進に向けた積極方策を働きかけ、教育課程審議会は昭和32（1957）年11月の中間発表で「道徳の時間」特設を公にし、翌年 3 月の答申「小学校・中学校教育課程の改善について」において正式に「道徳の時間」特設を明示したのである。そこには、毎学年毎週 1 時間以上道徳教育のための時間を特設すること、従来のような徳目内容を教え込むといった意味での教科としては取り扱わないことが

明記され、戦後13年に及ぶ道徳教育混乱の空白時代が解消されることとなったのである。

②　「道徳の時間」特設そして「特別の教科　道徳」へ

今日の「特別の教科　道徳」＝道徳科に至る役割を果たした学校の１領域としての「道徳の時間」が小学校、中学校の教育課程に位置付けられ、実施されたのは昭和33（1958）年９月からである。同年３月の教育課程審議会答申を受けて８月に学校教育法施行規則一部改正が実施され、道徳の時間は各教科、特別教育活動、学校行事と並ぶ領域としてようやく市民権を得たのである。

ただ、当時は労働運動が隆盛を極めた時期でもあり、文部省の行政施策に日本教職員組合がことごとく対立するという教育不毛の時代でもあった。そのため、道徳の時間特設に向けて全国５会場で実施された都道府県道徳教育講習会が大混乱に陥ったり、学校教育の場での指導そのものを無視したりといった道徳無指導状況が発生し、その根深い対立の余波は半世紀を経た今日にまで深い陰を落としている。特設「道徳の時間」の是非を巡る論点は、おおよそ以下のようなことに尽きる。

１点目は、国家が道徳教育によって国民の良心にどこまで関与できるかという問題である。２点目は、道徳教育は全教育活動において実施すべきであるという特設主義に対する反対論である。３点目は、生活指導によってこそ道徳生活に対する確かな認識や豊かな情操が育つという立場からの反対論である。その前提にあるのは戦前の修身科批判論であり、生活指導による道徳的習慣化という道徳教育過信論であった。このような道徳の時間を巡る不毛な論争は、半世紀を経てもわが国の道徳教育振興を妨げる要因として作用している。

道徳の時間が特設されて以降のわが国の道徳教育は、５度の学習指導要領全面改訂と２度の一部改正を経てその姿を「特別の教科　道徳」へと変貌させてきたのである。ただ、その時間の名称や内容項目構成等こそ適宜再構成されたものの、その基本方針や指導目標、指導方法等は一貫して現在に至っていることを肝に銘ずるべきことであろう。むしろ問題なのは、道徳教育忌避感情や軽視傾向といった障壁解消のための有効策構築である。今後の道徳教育の改善・充実方策について視座すると、なお多くの課題が存在しており、国民の一部か

らは『道徳教育は機能していない』との厳しい批判もなされ、期待される姿には程遠い状況にある。その主たる背景となっているのは、次の4点である。

①歴史的経緯に影響され、いまだに道徳教育そのものを忌避しがちな風潮がある。

②道徳教育の目指す理念が関係者に共有されていない。

③教員の指導力が十分でなく、道徳の時間に何を学んだかが印象に残るものになっていない。

④他教科に比べて軽んじられ、道徳の時間が、実際には他の教科に振り替えられていることもある。

　ゆえに、今般の道徳教育改革はこのような状況をどう是正できるのかというこの1点にこそ、その成否がかかっているといっても過言ではないのである。

（3）「チーム道徳」を実現する道徳教育推進教師

①　「チーム道徳」で子供を変える

　道徳教育は、教師個々の「点」としての取組み、学年等一部教師集団の取組みとしての「線」での指導では成果を生むことが難しい。なぜなら、道徳教育は子供達の学校生活のみでなく、学校外での日常的道徳生活をも対象とした全人格的な教育的営みとしての働きかけに他ならないからである。ゆえに、「面」として全面的に教師集団が一致団結して関わらなければならない教育指導なのである。ゆえに、これまでも、これからも「チーム道徳」での取組みが求められるのである。その学校内の組織的道徳指導体制の確立を担うのが、平成20（2008）年の学習指導要領改訂でその職責が明確に位置付けられた「道徳教育推進教師」である。道徳教育推進教師は日常の道徳科授業が円滑かつ効果的に実施できるよう指導計画や教材、指導体制、研修等々の整備を進めるだけでなく、その重要性を啓発する学校における道徳教育推進の牽引役である。今後は、「道徳教育推進リーダー教師」といった名称の道徳指導充実に向けた新たなポストも設置される流れとなっている。

　「チーム道徳」として全教師が学校教育全体を通じて指導にあたるなら、そ

こには道徳教育全体計画や道徳教育年間指導計画の前提となっている学校教育目標や目指す子供像、学年・学級目標を網羅した明文化された道徳指導計画を越えた「文字では書かれていない強力な道徳指導カリキュラム」が機能することが期待される。前者の明文化された指導計画は、「顕在的カリキュラム」と呼ばれ、学校の教育的雰囲気として子供達に知らず知らず絶対的な影響力を及ぼす。後者は「潜在的カリキュラム」と呼ばれている。

後者の「潜在的カリキュラム」は、まさにきちんと公的に明文化されていない「潜在的カリキュラム＝見えないカリキュラム（hidden curriculum）」は具体的な教科等として学習内容や指導対象、指導時間等の明示された顕在的カリキュラムと異なり、教師の意図するしないにかかわらず学び手に大きな影響（特に人間性形成）を及ぼしてしまうもうひとつの強力なカリキュラムなのである。

潜在的カリキュラムは、学習者同士や教師と学習者との人間関係、教室や学習集団の雰囲気、学校風土や伝統、教師集団の個性や雰囲気、学校の物理的環境等々が複雑に交錯しながら、顕在的カリキュラムと共に知識・技能のみならず、個としての価値観、情操面にまで及んで人格形成に関わる様々な影響力を及ぼすものである。そのような性格から「暗黙知」と称されることもある。

この潜在的カリキュラムが教育活動に及ぼす影響力は、地域の教育促進環境や学校の校是・校訓といったポジティブな側面でも大いに作用するものである。

潜在的カリキュラムについて最初に言及したのは、アメリカの教育学者 P. W. ジャクソン（Philip W. Jackson, *Life In Classrooms*, 1968年）である。ジャクソンは、教室という集約的な子供達の日常生活を観察する中で、「群れ」、「賞賛」、「権力」というキーワードから子供と教師の服従・支配関係を潜在的カリキュラムとして描出[15]した。

ジャクソンによれば、教室において発言を求める場合も、教師の助言を求める場合も、トイレや水飲みに行く場合も、絶えず受動的に列を作って順番を待つことを強いられる。そこで子供は忍耐強く待つこと、自分の行動を遅らせること、自分の欲求を諦めること等を学ぶという「群れ」という服従的なカリキュラムが存在することを指摘するのである。また、教室はたえず「賞賛」とい

う評価が伴う場所である。そこでは、教師からの評価だけでなく、子供も相互評価し合っている。また、自己評価もある。学習の達成度、学校という制度への適応、パーソナリティーといった3側面への評価という涙と消耗が伴う評価から自分自身を守るにはどんなことに対してもクールに振る舞うという心理的緩衝法を同時に学んでいるのである。さらに、教室は大人（教師）が「～してはいけない」という禁止を命令する「権力」を作動させている場所でもある。よって、子供は教室の中で権力への適応と対処の方略を学ぶのである。このようなネガティブな目に見えないカリキュラムは、教師が排他的であったり、教師と子供との関係が支配・服従的であったり、地域からの見えざる重圧がかかっていたりといったマイナス面で作用する場合も少なくないのである。

　よって、各学校が置かれた教育環境や教育条件、教師と子供との関係等々に関わる潜在的カリキュラム要因の分析を進め、顕在的カリキュラムと関連付けながら適切に教育活動が遂行されるよう教育課程や教育カリキュラムを編成し、ポジティブでプラスに作用するような側面を最大限に引き出せるよう努めていくことが大切である。そのための「道徳教育推進教師」であり、「チーム道徳」でもある。

②　マネジメントで学校の道徳教育を推進する

　これからの道徳教育推進で大切なことは、チーム道徳という教師相互が支え合い、磨き合い、協働的に高まり合える「同僚性」が存分に発揮できる道徳指導環境作りである。このようなチーム道徳を実現するための理論的背景としては、『もし高校野球の女子マネージャーがドラッカーの『マネジメント』を読んだら』[16]という映画にもなって広い世代から支持されて話題となった書籍中の「マネジメント」という流行語の大本でもあるP.F.ドラッカーのマネジメント論[17]を援用して考えるなら、以下のような3原則が見えてくる。

　基本原則①：組織構成員が互いに情報共有を進めること。
　基本原則②：組織構成員が相互にメンバーを信頼し合うこと。
　基本原則③：組織内の一人一人の責任を明確にし任せること。

　極めて単純な論理的手法である。しかし、それこそが互いのキャリアや性別、

経験知等が障壁となってなかなか実現できないのである。教師相互の切磋琢磨する関係性を構築するために、組織構成員一人一人の柔軟な発想を期待したいものである。

　小学校であろうと、中学校であろうと、道徳科の授業を担当するのは基本的に学級担任である。その理由は、学級内の子供と継続的に触れ合う時間も長く、個々の子供の道徳的実態をいちばん把握しているのが学級担任だからである。

　それゆえに、親密さの裏返しとして甘えが生じたり、子供の興味・関心を喚起する多様性のある学習活動がマンネリ化して平板になりやすかったりする弊害も併せもっているのである。

　そこで、指導内容や指導方法の充実や、子供の道徳的学びへの知的好奇心を喚起したり、課題追求したりできるような指導計画の充実や組織体制づくりをリードしていく役割を担うのが、各学校における道徳教育推進教師である。道徳教育推進教師は指導計画の立案や、毎時間の道徳科授業のお膳立てといった裏方的な役割を果たすのが本来の使命ではない。学校として組織的に道徳教育をどう推進していくのか、教師集団の道徳指導力をどうレベルアップさせていくのか、学校が家庭や地域と協働してどう道徳指導体制を構築していくのか等々のことを学校全体の視点から、アクティブかつディープな組織開発をするコーディネート役が本来的な道徳教育推進教師の役割なのである。地域によっては、道徳教育推進教師の任にあたるのは学校教育全体を見渡して指導できる主幹教諭や指導教諭を配して、学校組織をリードしやすいように配慮しているところも珍しくはない。このように、道徳教育推進教師という役割を学校全体で確認し合い、子供の健全で健やかな道徳的成長を実現するために教師一人一人に何ができるのか、道徳教育推進教師をリーダーにどのような指導体制を構築していけばよいのかを目的共有し合い、自校として道徳教育の充実を願ってこのように取り組んでいきたいというメッセージを子供や保護者のみならず、地域全体に向けて発信していくことが大切である。

　道徳が教科となり、学校の教育課程における位置付けも重くなってきている。これからの学校教育の充実を考えた時、子供・保護者・地域社会から信頼されるに足る指導体制を具現化する役割としての道徳教育推進教師に大いなる期待

をするものである。

（ 1 ）　プラトン『ソクラテスの弁明　クリトン』久保勉訳、1964年、岩波文庫、p.74。
（ 2 ）　プラトン『パイドン』岩田靖夫訳、1998年、岩波文庫、p.153。
（ 3 ）　村井實『ソクラテスの思想と教育』1972年、玉川大学出版、p.109。
（ 4 ）　プラトン『メノン』藤沢令夫訳、1994年、岩波文庫、p.82。
（ 5 ）　デュルケーム『教育と社会学』佐々木交賢訳、1976年、誠信書房、p.58。
（ 6 ）　デューイ『学校と社会』宮原誠一訳、1957年、岩波文庫、第 2 章参照。
（ 7 ）　村井實『道徳は教えられるか』1990年、教育選書版、国土社、p.50。
（ 8 ）　I．カント『教育学講義他』勝田守一・伊勢田耀子訳、1971年、明治図書、pp.12〜15。
（ 9 ）　J．F．ヘルバルト『一般教育学』三枝孝弘訳、1960年、明治図書、p.48。
（10）　首藤敏元「領域特殊理論」日本道徳性心理研究会編『道徳性心理学』1992年、北大路書房、pp.133〜144を参照。
（11）　首藤敏元「道徳性と社会性の発達」二宮克美・繁多進編『たくましい社会性を育てる』1995年、有斐閣選書、pp.83。
（12）　文部科学省『小（中）学校学習指導要領解説　特別の教科　道徳編』2015年、第 2 章第 2 節の「 4 　道徳的な判断力、心情、実践意欲と態度を育てる」を参照。
（13）　青木孝頼他編『新道徳教育事典』1980年、第一法規出版、p.1。
（14）　『新道徳教育事典』1980年、第一法規出版、p.1。
（15）　佐藤学『教育方法学』1996年、岩波書店、pp.121〜125を参照。
（16）　岩崎夏海『もし高校野球の女子マネージャーがドラッカーの「マネジメント」を読んだら』2009年、ダイヤモンド社、第 7 章を参照。
（17）　P．F．ドラッカー『マネジメント』上田惇生訳、2001年、ダイヤモンド社、第 3 章13節を参照。

第 4 章の参考文献

（ 1 ）　平田宗史『教科書でつづる近代日本教育制度史』1991年、北大路書房
（ 2 ）　鈴木博雄『原典・解説　日本教育史』1985年、図書文化
（ 3 ）　土屋忠雄他編『概説近代教育史』1967年、川島書店
（ 4 ）　海後宗臣他著『教科書でみる近現代日本の教育』1999年、東京書籍
（ 5 ）　浪本勝年他編『史料　道徳教育を考える』2006年、北樹出版
（ 6 ）　船山謙次『戦後道徳教育論史』上・下　1981年、青木書店
（ 7 ）　間瀬正次『戦後日本道徳教育実践史』1982年、明治図書
（ 8 ）　貝塚茂樹『道徳教育の教科書』2009年、学術出版会
（ 9 ）　貝塚茂樹『道徳の教科化―「戦後70年」の対立を超えて』2015年、文化書房博文社
（10）　行安茂『道徳「特別教科化」の歴史的課題』2015年、北樹出版
（11）　J．ピアジェ『臨床児童心理学　Ⅱ　児童の世界観』大伴茂訳、1954年、同文書院
（12）　L．コールバーグ『道徳性の発達と道徳教育』岩佐信道訳、1987年、広池学園出版部
（13）　L．コールバーグ『道徳性の形成』永野重史監訳、1987年、新曜社
（14）　L．コールバーグ他『道徳性の発達段階』片瀬一男他訳、1992年、新曜社
（15）　山岸明子『道徳性の発達に関する実証的・理論的研究』1995年、風間書房
（16）　N．J．ブル『子供の発達段階と道徳教育』森岡卓也訳、1977年、明治図書

第 **5** 章

道徳科を指導するための理論を学ぼう

1　道徳教育学という視点をもって道徳科を考えよう

（1）道徳科を支える道徳性発達について学ぼう

　人間の本来的な在り方やより善い生き方を目指して具体的な道徳的行為を可能にするのが、人格的特性としての道徳性である。この道徳性は人間らしいよさであると同時に、道徳的諸価値が個々人の内面において統合された人格の基盤をなすものである。この道徳性は、個々人が「人・こと・もの」との様々な関わりを通して後天的に自らの内面に形成していくものであり、個人の生き方のみならず、社会生活やあらゆる文化的活動を根底で支える力として発揮される性質のものである。

　この道徳性の発達が促されるためには、様々な要素が関わり合って具体化されるが、特に以下の点に留意する必要があろう。

表 5 − 1　道徳性発達を促すポイント

> ①子供の心身に関わる諸能力の発達に寄り添って道徳性発達を促す。
> 　　　　　　　　　　　　　　　　　　　　　　　　（子供への共感的理解）
> ②子供の豊かな社会体験を拡大・充実させることで道徳性発達を促す。
> 　　　　　　　　　　　　　　　　　　　　　（子供の社会体験場面の設定）
> ③道徳的価値への自覚を深めることを通して道徳性発達を促す。
> 　　　　　　　　　　　　　　　　　　　　（子供の道徳的価値自覚化促進）

　このような働きかけを通して子供の道徳性発達を促すことになるが、そこには一定の道筋が見られる。道徳性発達は、個の人格的成長という点で基本的に他律的段階から自律的段階へという過程を辿ることとなる。

　認知的側面から見れば、物事の結果だけで判断する見方から動機をも重視する見方へと変わってくる、また、自分の主観的な見方から視野を広げて客観性

を重視した見方、一面的な見方から多面的な見方へと変化を見せるようになる。

　言わば、このような道徳性発達の特徴は、子供が内なる目で自分自身を見つめる能力（自己モニタリング力：self monitoring ability）、相手の立場で物事を考えたり思いやったりする能力（役割取得能力：role taking ability）、さらには個々の自然性に裏打ちされた情意的側面としての感性や情操の発達、行動的側面に関わる社会的経験の拡大や実践能力の発達、社会的役割や期待への自覚といったこと等とも密接に関係している。

　道徳性発達については、おおよそ以下のような法則性が指摘されているが、誰しもが同一の発達過程を経るわけでもなければ、到達すべきゴールも定まっているわけではない。

表5-2　道徳性発達に見られる一般的な法則性

①道徳性発達は他律的段階から自律的段階へと一定の方向性を辿る。
　　　　　　　　　　　　　　　　　　　　　　　　　　　　　　（他律から自律へ）
②道徳性発達は個別的であり、辿る段階は個々人によって異なる。
　　　　　　　　　　　　　　　　　　　　　　　　　　　（発達プロセスは個別的）
③発達した道徳性は、その後の道徳的環境の変化や個人的な事情による停滞要因で傍目には低次段階の道徳的言動と映るようなことがあっても、そのもの自体は低下することはない。
　　　　　　　　　　　　　　　　　　　　　　　　　　　　　（低下しない道徳性）
④停滞阻止要因が解決できれば、道徳性は生涯にわたって発達し続ける。
　　　　　　　　　　　　　　　　　　　　　　　　　　　（道徳性発達は一生涯）

　道徳性は、人間らしさの総体として個々人の内面にあって道徳的価値との関わりにおいて道徳的心情や判断力、実践意欲と態度等の高まりを促し、それらが個の生き方として統合されていくことで発達していくものである。

　これらの特質を踏まえ、子供の発達に即した道徳性の育成を視野に置くと、各学年段階での留意事項が見えてこよう。

[小学校低学年]

　この時期は幼児期特有の自己中心性（自己中心思考：egocentrism）がまだ残ってはいるが、相手を受容したり、理解したりすることができるようになってくる。また、生活経験の拡大によって基本的生活習慣の獲得、善悪の判断、物事の意味理解等の能力が育ってくる。諸能力の発達とともに人間関係の広がり

や主体性も少しずつ育ってくるこの時期、温かく見守りながら、よりよく生きようとする力を引き出し、育んでいくことが大切である。

[**中学年**]

　この時期は、いわゆるギャング・エイジ（gang age：徒党時代）と呼ばれる年代である。身体的成長に伴って運動能力のみならず知的能力、共感能力等も大きく発達する。それらに併せて社会的集団活動への興味・関心が広がったり、身近な問題解決を自力で図ったりする能力や先見性、計画性も身に付いてくる。よって、子供一人一人の個性や自主性を尊重しつつ、集団での協同活動の方法や良好な人間関係の在り方、社会規範の遵守等について具体的な日常的体験を重ねながら道徳的価値に気付き、実践できるよう配慮していくことが大切である。

[**高学年**]

　心身の発達に伴って児童期（学童期：childhood）から青年期前期（思春期：adolescence）へと変貌するこの時期の子供は、知的能力、抽象的、論理的思考力、自己洞察力、共感的他者理解力が大きく育ってくる。よって、道徳性に関わる思いやり行動や自律的行動ができるようになり、よりよく生きるための諸能力が形成されてくる。ただ、理想主義的な傾向が強かったり、自分の考え方に固執したりするような面もあるので、他者との積極的な交流活動を通して自己修正できるような配慮も必要である。特に、性差や個人差が顕著に表れてくる時期でもあるので、集団や社会との多様かつ豊かな関わり体験を通して協働的な態度を育成していくことも重要である。

[**中学生**]

　青年期前期のこの時期は、「嵐の時代」とも称される程に情緒面での不安定さが特徴である。しかし、道徳性の発達という面では大きな可能性を秘めた時期でもある。人間関係や社会経験の広がりが一気に拡大するこの時期、自分自身の生き方への関心が高まるとともに理想自己と現実自己とのズレの狭間で揺れ動くことも少なくない。しかし、その過程で自己探求、自己肯定、自己信頼といった面での自己認識が促進される。また、知的能力の高まりとともに個人と社会の関係、集団の一員としての役割やその自覚、人間の力を超える大いな

る存在への気付きといった内面的な成長が顕著になってくるので、道徳的価値への自覚もいっそう深まるのが中学生のこの時期である。より深いところで自己との関わりをもって道徳的課題と向き合えるような指導が望まれよう。

　ここまで道徳性発達という視点から義務教育段階の児童生徒の一般的な傾向的特徴を概観してきた。この点に関しては様々な立場からの諸理論が知られているが、その発達要因や方向性が不可逆的であるか否かの論点は異なるが、一般的に他律から自律的な段階へと移行することで個々人の道徳的なものの見方、感じ方、考え方がより高次な段階へ辿ると指摘されることでおおよその共通点が見出される。

　今日では認知発達論的な視点からの捉え方が支配的であるが、特定理論に偏しない立場から、ここでは以下に道徳性発達理論として知られる精神分析学的な発達理論、社会的学習理論的な発達理論、認知発達論的な発達理論について概観してみたい。

（2）道徳性発達に関する諸理論

①　精神分析学的な発達理論

　この精神分析理論を代表するのは、オーストリアの精神医学者 S. フロイト（Sigmund Freud, 1923年他）である。フロイトは道徳性を情緒的側面から捉えようとし、その特質を自我理想としての良心の働きであると説明した。そして、良心は対象リビドー（他者に向けられた愛情）や自我リビドー（自己への愛情）から派生すると考えた。

　フロイトの道徳性獲得理論は、神経症の要因究明の過程としての心的領域を無意識、前意識、意識という精神活動に分類して捉えたところに特徴がある。

　フロイトは、エス（イド、原我とも）、自我、超自我という三層の精神構造から人間の諸欲求と願望という視点で道徳性を分析する。そして、人は道徳的であればあるほど良心に敏感であり、エスが強く抑圧されると良心は活発になるとした。言わば、抑圧される衝動抑制が多ければ多いほど、その衝動に対する防衛としての超自我が強くなるという考え方である。換言すれば、人は不幸が

起きると魂の救済を求め、原罪を意識して良心の要請を高めるのと同じ理屈である。エスという快楽原理（無道徳）から、自我や超自我の形成という現実原理（道徳的であること）に基づく人格形成過程において、子供は親への同一視（identification）とエディプス・コンプレックス（男児は同性の父親を憎み、母親へ無意識的にもつ性的思慕感情：oedipus complex）の克服（親の背後にある超自我を同一視することでの望ましいリビドーの昇華）が重要な課題となってくる。このように、フロイトが無意識（原我）→自我→超自我という良心（道徳性）形成の道筋を意味付けた功績は大きい。

[フロイトの道徳性発達過程]

　エス（das Es ／原我）………無道徳状態（善悪の判断が不能）

　　　　　　　●快楽原理に従って欲求を満足させようとする動きの段階

　自我（ego）………自己の欲求に対する理性と分別による統御段階

　　　　　　　●エスの欲求に対する神経症的不安、外界に対しては現実的不安、
　　　　　　　　超自我に対しては良心に対する断罪不安の段階

　超自我（super-ego）………自己の行為や思考に対する道徳的罪障感と自我
　　　　　　　　　　　　　　理想を目指す段階

　　　　　　　●自我の完全な姿として超自我は自我に自我理想を示し、その要求
　　　　　　　　の達成を目指す段階

②　社会的学習理論的な発達理論

　カナダ出身の心理学者で多年アメリカ心理学会長も務めた A. バンデューラ（Albert Bandura, 1979, 1985年他）は、学習が学び手の経験の積み重ねのみで成立するだけでなく、他者の行動観察によっても成り立つことを実験的に証明してモデリング（modeling）による学習という社会的学習理論を提唱した。

　モデリングとは、模倣のことである。バンデューラは子供を検証群と統制群に分け、一方には攻撃的な遊びのモデルを提示し、もう一方には普通の遊びのモデルを提示した。実験で検証群の子供は、その後の遊びが統制群の子供の遊びより攻撃的なものになることを明らかにした。そして、それは報酬や罰とい

った強化によるものではなく、学習者自身のモデリングによる自発的な模倣であることを証明したのである。このように、何らかの見本（モデル）による動作や行動を見て、同じように振る舞うことを学ぶのがモデリングである。

　子供は、成長過程におけるモデリングによって多くのことを学習するとされている。道徳性もその例外ではない。子供の成長発達過程では、様々なモデリングによって社会的行動の変容が見られるが、道徳的行動変容も同様である。道徳性の発達は道徳的行動変容の過程であり、主観的判断から客観的判断へと質的に異なる非可逆的な発達段階の道筋を辿るという捉え方ではなく、社会的経験としてのモデリングによって道徳的行動が学習されるとするのが社会的学習理論の基本的な考え方である。

　バンデューラは、5歳から11歳までの男女児165名を対象に道徳判断に関わる2つの例話に基づいて3実験群（判断に対するモデルと被験者への言語的強化群、判断に対するモデルへの代理強化群、判断に対する被験者のみへの言語的強化群）を設定し、その変容を検討した。その道徳判断を迫る例話のひとつ目は、善意から生じた行為が結果的に大きなよくない結果しかもたらさなかったモデルのストーリーである。そして、2つ目の例話は悪意から生じた行為が結果的にはあまり悪い結果をもたらさなかったモデルのストーリーである。

　およそ2週間のスパンを経て事後調査したところ、判断に対するモデルによる示範と被験者への言語的強化を与えられた群と、判断に対するモデルによる示範への代理強化を与えられた群は道徳判断に関する観察学習の変容効果が確認できた。しかし、モデルによる示範が与えられないまま最初の被験者による判断と逆の道徳判断をした場合に言語的強化を与えられた群では、期待する道徳変容が効果として認められなかったのである。

　バンデューラの社会的学習理論に基づく一連の主張は、モデリングと条件付け強化によって子供の道徳性を変容させることができるのであって、子供の主観的判断から客観的判断へという発達的変数もモデリングを媒介とするものであるという考え方である。よって、他律から自律への不可逆的な発達の道筋を辿るとする認知発達論的主張とは異なる立場を取っている。

③ 認知発達論的な理論

A. ピアジェの発達理論

ジュネーブのルソー研究所等で認知発達の研究に没頭したスイスの心理学者 J. ピアジェ（Jean Piaget, 1932年）の認知的な道徳性発達理論は、物事の結果に基づいて判断する道徳から物事の動機や善悪に基づいて判断する道徳への発達変化として要約されることが一般的である。

ピアジェの発達理論は、人間の認識をシェマ（schema：認知構成枠組み）、同化（assimilation）、調節（accommodation）、均衡化（equilibration）という内的世界と外的世界の相互的作用を中核として構成されている。外的世界の刺激は、その枠組みに取り入れる同化によって認識されるが、それを超えてしまう場合はシェマそのものを変化させて調節する。この同化と調節を繰り返しながら安定した外界認識を生み出し、さらに次の段階の外界認識へと均衡化によって発達させる。このピアジェの発達理論は、カント（I. Kant）の「他律」と「自律」という用語を用いながら、内的世界と外的世界との同化・調節作用による均衡化という過程における道徳性の発達を段階という概念で理論付けた。

ピアジェは、当時の子供達の一般的な遊びであったマーブル・ゲーム（おはじきのようなものを用いた遊び）への参加の仕方を取り上げて、子供の規則に対する知識、その規則の運用、規則に対する認識変化に着目して道徳性発達の道筋を解明した。その根底にあるのは、道徳性発達が個人の内面のみで引き起こされるのではなく、他者や社会との接点を保つことで可能となることへの視点である。

ピアジェは4歳から4〜14歳までの子供を対象に、ゲームでの規則認識、「過失」、「盗み」、「虚言」という例話に基づく道徳判断を大人の拘束による道徳から相互性と協同による道徳への移行といった面、正義の観念の獲得といった面から研究し、『児童道徳判断の発達』（1932年）としてその成果をまとめた。

同書第1章「ゲームの規則」では、子供がゲームの規則を実行するには純粋に自動的で個人的な第1段階、出来あがっている規則の例を模倣するが自分流に利用するだけの自己中心的な第2段階、互いが仲間に勝とうとして相互に抑制したり規則を統一したりすることに関心を示し始める初期協同の第3段階、

ゲームにおけるあらゆる手続きが精緻に規定されるだけでなく真に規則を尊重しようとする第4段階があることを述べている。そして、そこには初期段階における「拘束の道徳（他律の道徳）」と高次段階の「協同の道徳（自律の道徳）」があり、拘束の道徳が発展して協同の道徳に進化することを明らかにしたのである。

　ピアジェは前掲書において、子供のゲーム分析に基づく規則に対する意識分析とともに、例話（コップを割った話：食堂の椅子に載せてあったコップを部屋に入ろうとして扉を開けたことで15個割ってしまった子と、お母さんが留守の時にジャムを盗もうとしてコップを1個割った子のどっちをきつく叱るか等）による過失に対する道徳判断の発達についても分析した。また、懲罰、共同責任、内在的正義、平等的正義、平等と権威、相互的な正義という問題（例話：お使いをさぼった男の子、病気で宿題がやれなかったと嘘をついた男の子、父親に言われたのにボール投げをして窓ガラスを割ってしまった男の子、弟の玩具を壊してしまった男の子、廊下でボール投げをして植木鉢を割った男の子、お父さんの本を不注意で汚してしまった子、窃盗団の仲間を裏切った男等）について、子供の発達的傾向を道徳判断から分析的に調査した結果についても臨床的に論述している。そして、認知発達的側面から道徳性においても他律から自律へ向かう法則性を解明したのである。

表5-3　ピアジェの道徳性発達段階

規則の実行・適用段階	規則の意識段階	道徳性発達
a．純粋に運動的、 　　個人的な段階 　　　↓	a．運動的・個人的段階 　　　↓	拘束の道徳 　　他律的段階
b．自己中心的段階 　　　↓	b．他律の段階 　　　↓	↓
c．初期協同の段階 　　　↓	c．自律の段階	協同の道徳 　　自律的段階
d．規則制定化の段階		

＊被験者は4歳〜14歳までの幼児・児童。

B. コールバーグの発達理論

　ピアジェの認知発達理論を発展させたアメリカの心理学者L. コールバーグ

（Lawrence Kohlberg, 1969, 1971年他）の道徳性発達理論は、認知的過程に見られる認知構造の質的変化をひとつの段階として捉えようとするものである。そして、この発達段階は「段階間の質的相違」、「個人の発達における一定の順序性と不可逆性」、「各段階における構造化された全体性」、「段階間の階層的統合」を満たすことが基本的枠組みとなっている。

　コールバーグは、10～16歳までの被験者について3年毎に15年間縦断的に追跡調査した。調査方法は、どちらを選択したらよいのか分からなくなるような道徳的ジレンマを提示し、被験者がどのように反応するのかという点に着目する方法である。調査は異なる地域、異なる民族についても行われ、各々の選択判断とその理由付けに焦点化して整理することで以下のような普遍的な3水準6段階の道徳性発達段階を導き出したのである。

　なお、この道徳性発達段階説については、コールバーグ自身の弟子でもある女性心理学者C. ギリガン（Carol Gilligan, 1982年）から異議申し立てが行われている。その根拠は、中核に据えられている正義推論（公正の原理）による倫理観は男性中心の発想であり、女性は責任とケアの倫理に従って行動するというケアリングの発想である。

　また、道徳性発達における第7段階の問題、つまり、宗教がもつ倫理的性格（宗教的思考と経験）を道徳教育の拠り所とする「義務と公正」を超えた「義務以上の善（アガペー）」という第6段階以上の存在についての検討も、ほどなくコールバーグが物故したため、それらは未解決のままになっている。

表5-4　コールバーグの道徳性発達段階

【レベルⅠ　前慣習的水準】★自己中心性と他律的
第1段階：罰と服従への志向
罰の回避と力への絶対的服従がそれだけで価値あるものとなり、罰せられるか褒められるかという行為の結果のみが善悪を決定する。
第2段階：道具的相対主義志向
正しい行為は自分自身の、または自己と他者相互の欲求や利益を満たすものとして捉えられる。具体的な物・行為の交換に際して公正であることが問題とされはするが、それは単に物理的な相互有用性という点から考えられてのことである。

【レベルⅡ　慣習的水準】★他律から自律的へ

第3段階：対人的同調「よい子」志向

よい行為とは他者を喜ばせたり助けたりするものであって、他者によいと認められる行為である。多数意見や一般的な普通の行為について紋切り型のイメージで従うことが多い。行為はその動機によって判断されるが、「善意」が重要となる。

第4段階：法と秩序志向

正しい行為とは社会的権威や定められた規則を尊重し、それに従うことである。そして大切なのは、既にある社会秩序を秩序そのもののために維持することである。

【レベルⅢ　脱慣習的水準】★自律的、原理的

第5段階：社会契約的な法律志向

規則は固定的なものでも、権威によって押し付けられるものではなく、自分達のためにあるのだから変更可能なものとして理解される。また、正しいことは、社会には様々な価値観や見解が存在することを認めた上で、社会契約的合意に従って行為するということである。

第6段階：普遍的倫理的原則志向

正しい行為とは、「良心」に則った行いである。良心は論理的包括性、普遍性ある立場の互換性といった視点から構成される「倫理的原理」に従って何が正しいかが判断される。この段階では、この原理に則って法を超えて行為することができる。

コールバーグが用いた例話の一例：「ハインツのジレンマ」の概要

　ヨーロッパで、一人の女性がたいへん重い病気のために死にかけていた。その病気は特殊な癌だった。しかし、彼女が助かるかもしれないと医者が考えるある薬があった。それは同じ町にある薬屋が最近発見したラジウムの一種だった。その薬の製造費は高かったが、薬屋はその薬を製造するための費用の10倍もの値段をつけていた。彼はラジウムに200ドル払い、わずか1回分の薬に2000ドルの値段をつけたのである。病気の女性の夫であるハインツは、あらゆる知人にお金を借りた。しかし、薬の値段の半分の1000ドルしかお金を集めることができなかった。彼は薬屋に妻が死にかけていることを話し、薬をもっと安くしてくれるか、でなければ後払いにしてくれるよう頼んだ。だが、薬屋は「だめだ。私がその薬を発見したのだし、それで金儲けをするつもりだから」といった。ハインツは思いつめ、妻のために薬を盗みに薬局に押し入った。

C. ブルの発達理論

　イギリスの南西地方の7歳から17歳までの子供を対象に、倫理学、教育学、心理学、社会学等の学際領域における複眼的視点から調査した宗教教育学者 N. ブル（Norman J. Bull, 1969年）の道徳性発達理論は、人為的な習慣、規律・規範（ノモス：nomos）がどのように形成されるかという点で特徴付けられている。

　ブルは、ピアジェの認知発達理論に基づく道徳性発達段階論を基礎としながらも、道徳判断の根源にあるものを認知的側面のみで捉えるのではなく、その欲求的なもの（orectic）に深く関わっているとしている。そしてブルは、子供が自律的な道徳的行為を行うのは、道徳生活の中心部分にある道徳的態度の要求と現実要求の葛藤において、受容され、内面化された理想を道徳的状況へ適用することだと主張するのである。言わば、ブルの道徳性発達理論は、道徳的行為が予め特定された道徳的原理に則ってあらゆる道徳的状況に援用することではなく、その時々の具体的な道徳的状況に自らの内に内面化された道徳原理を適用させ、応用させていくものであると考えたのである。

表5-5　ブルの道徳性発達段階

【第1段階　無道徳段階】：アノミーな段階状態で、内面化された道徳感情は認められない。 ↓ 【第2段階　外的道徳段階】：外部から与えられる規制等に従う。他からの賞賛で自らの行為を判断する。 ↓ 【第3段階　内-外的道徳、社会律段階】：所属する集団の社会的賞賛、非難が道徳的行為の基準となる。 ◆青年期前期に多く散見される特有の段階でもある。 ↓ 【第4段階　内的道徳、自律段階】：外的権威から自律的に独立し、個人の内面化された理性と判断で行為する。

＊ブルは、7〜17歳までの被験者を対象に、生命価値、ごまかし、盗み、嘘の状況判断について調査した。

　特にブルの段階過程において特徴づけられるのは、「アノミー段階」→「他律段階」→「＊社会律段階」→「自律段階」としたことである。つまり、他律段階からそのまま自律段階へ移行するのでなく、道徳的行為の抑制が社会的賞

賛と社会的非難との相互性によって決定付けられる社会律段階をその中間に設定したことである。これらの相互性は、宗教的な自己犠牲や愛他精神に基づく宗教的黄金律に則った道徳的行為を可能にする態度の形成まではできないとし、社会律段階は他律段階での反道徳的行為への処罰への恐怖、罪障感情を引きずった段階と見なしたのである。

2　道徳性形成のための道徳授業アプローチ

（1）　道徳教育の要としての道徳科授業

　学校における道徳教育の要となる道徳科での指導は、明確な目的と計画的な指導、それを可能にする教材とによって実施される具体的な教育的営みである。よって、各学校における道徳教育全体計画、道徳科年間指導計画が道徳科授業によって体現されるのである。

　言わば、各学校での子供達への道徳性形成は道徳科授業の成否が明暗を左右するのである。どんなに美味しそうに見えても絵として描かれた餅では食べることができないのと同様に、道徳科年間指導計画がいくら立派であって授業で具体的な指導によって体現されなければ、それは単なる画餅に過ぎないのである。よって、学校の道徳教育は道徳科授業を要としながら、どう効果的に実践指導していくのかという課題にこそ充実の鍵があるのである。

　わが国の道徳授業方法論は、①戦前の修身科時代から連綿と引き継がれ、発展してきた道徳教化の方法（インカルケーション：inculcation）、②主にアメリカ心理学・教育学の知見に基づく臨床心理学的な道徳指導手法、③認知発達論に基づく道徳指導手法をわが国の道徳授業形態にアレンジして導入した方法、この三大思潮をベースにしながら実践的に形成されてきた経緯がある。

　もちろん、アメリカにおいても前者の考え方による教育思潮は本質主義的教育（essentialism）として主流をなし、キャラクター・エデュケーション（品性教育：character education）等の道徳教育方法論は代表的なものとしてよく知られたところである。また、もう一方の教育思潮を形成している進歩主義（progressivism）は、フロイトの精神分析理論に端を発するグループカウンセ

リング手法を具体的な道徳授業方法論へと援用した価値の明確化（values clarification）、ピアジェやコールバーグの道徳性発達理論に端を発した認知発達論的アプローチ（cognitive developmental approach）等があり、わが国でもよく実践されてきた指導方法論である。

　ここで留意したいのは、諸外国で開発された指導方法を安易にそのまま取り入れてわが国の道徳授業はこれまで行われてきたのではないということである。

　わが国の文化形成には、異文化の本質はそこそこにしてそれに付随する新しい知識や技術を巧みに取り入れて自国の文化に吸収してしまうという習合思想の考え方が古来よりある。縄文期の渡来人によって伝えられた大陸文化の取り入れや、仏教の導入と併せて大陸の進んだ文化・技術も吸収してしまった聖徳太子の時代、明治期の文明開化の時代と習合思想の歴史がある。そこでのポイントは本質部分から丸ごとではなく、必要部分だけを自国流にアレンジし、短期間に全て取り入れ活用するという合理的精神が脈々と流れている点である。

　このような合理性は、外国の道徳教育指導方法論導入においても遺憾なく発揮されている。なぜなら、道徳教育と一口にいってもそれぞれの国で求める道徳教育の背景が異なるということである。政治的な思想教育を優先したり、市民性教育を重視したり、宗教教育を前提にしたり等々、国によってそれは一様ではない。このような国情の違いから、各国が目指す道徳教育の目的が異なるのは必然的であり、同時にその教育制度が異なればその方法論も同一には語れないということである。

（2）　道徳授業方法論の三大潮流を考える

　ここでは、わが国で道徳の時間特設以降の授業方法論として影響力を及ぼしてきた道徳授業の指導形態を大きく３つの方法論、①伝統的価値教化アプローチ、②価値の明確化アプローチ、③モラルジレンマ・アプローチに分類して紹介していきたい。もちろん、そこから派生する指導方法論、学校現場の視点から実践的に生み出されてきた指導方法論も多数あることを前提に道徳科授業の指導法を問い直す契機となるよう解説していきたい。

表5-6　道徳指導方法論の潮流

【①　伝統的価値教化アプローチ】 　◆伝統的価値教化方法論とは、道徳的価値や道徳的規範等について教材を用いながら教化して伝達・内面化することで道徳価値自覚をも促そうとする広く行われている指導スタイルである。 【②　価値の明確化アプローチ】 　◆アメリカで提唱された価値教育の一方法論である。その基本的な考え方は、個々が内面にもっている道徳的価値観に働きかけて主体的な価値選択という場の積み重ねを通して価値そのものを明確化させようとする指導スタイルである。 【③　モラルジレンマ・アプローチ】 　◆モラルジレンマ（道徳的葛藤）を教材に、価値選択を迫ることで道徳的判断力に働きかけて道徳性の段階上昇を意図的に促すために行われる指導スタイルである。このアプローチでは個の道徳性の段階上昇を促すという目的性から、個々の価値判断の理由付けが重視される

①　伝統的価値教化アプローチ

　道徳的価値の教化あるいは価値伝達という目的をシンプルに行うのが、このインカルケーション（価値を伝達して内面化させるという考え方）の手法による道徳授業方法論である。わが国でも戦前の修身科や今日の道徳授業における一般的な指導法として普及している。

　要は、道徳教材や道徳体験そのもので道徳的価値に触れさせ、気付かせ、その必要性を自覚させ、進んで生活に活かそうとする認知的側面、情意的側面、行動的側面の強化を促す方法論である。しかし、このような授業が行き過ぎると、教師の道徳信条や態度を押し付け、信じ込ませる価値の教え込み（indoctrination）に陥る危険性も併せもっている方法論であることを十分に留意する必要があろう。

　ただ、戦前の修身科といった場合、教師が一方的に子供達へ教え込む説教的な堅苦しい授業イメージのみが脳裏をかすめるが、決してそればかりではない。軍靴の足音がすぐ傍まで迫る昭和初期に奈良女子高等師範学校訓導の岩瀬六郎は『生活修身原論』（1932年）の中で、「徳目修身或は教科書修身とは徳目或は教科書を中心として道徳を説き、間接にその実践を指導せんとするものであるけれども、生活修身とは生活を中心として直接に道徳の実践を指導し、道徳的知情意を錬磨し、以て道徳的人格の完成を企図しようとするものである」[1]と

述べている。そして、その生活修身実践は生活体験による指導と準体験（教科書および補充教材による追体験）による指導で展開されている。その時代性を考慮するなら、方法論的な斬新さは明白である。しかし、価値教化あるいは価値伝達という目的性から分類するなら、それは他の修身科指導同様に価値教化の範疇に含まれるものであろう。この生活修身の事例を援用するなら、今日の学校で行っている戦前の修身科とは全く目標や教育内容の性格を異にする道徳科授業にあっても、それらの多くは修身科同様に伝統的価値教化アプローチの方法論によって実践されているとすることができよう。

　伝統的価値教化による道徳授業の特徴は、子供の心情面に働きかけながら道徳的価値の自覚を促すことができ、教師の思いも伝わりやすいことである。いわゆる従前からの道徳授業の基本型で、わが国では最も重視される心情面に訴えかけることで価値の伝達を促すという、極めて取り組みやすい指導方法でもある。その指導展開過程は、導入、展開、終末という３段階のステップを辿る。なお、展開部分は前段と後段に区分されることも少なくない。

表 5 - 7　伝統的価値教化アプローチによる道徳科授業の基本型

指導展開過程		主　な　学　習　活　動
導　　入		ねらいとする価値について方向付けをする段階であり、子供達の日常経験を引き出したり、取り上げる価値へのかかわりをもたせたりして課題意識を明確化する。
展開	前　段	道徳教材（道徳的体験）にかかわらせ、教材に含まれたを道徳的課題を追求する過程を通じて道徳的価値に気付かせる。
展開	後　段	道徳教材を介しての価値追求から離れ、そこで気付いた道徳的価値に照らして自分の生き方を振り返らせ、主体的に価値自覚をさせる段階である。
終　　末		本時でねらいとする道徳的価値について整理し、まとめる。そして、これからの日常生活における実践意欲を喚起する。

②　臨床的な価値明確化アプローチ

　伝統的価値教化アプローチに対し、子供の主体的な価値決定能力の育成を目指した人間中心主義教育（humanistic education）の立場をとっているのが、価値の明確化（values clarification）によるアプローチである。価値教育の混乱が見られた1970年代のアメリカにおいて、ラス（L. E. Rathes）、ハーミン（M. Harmin）、サイモン（S. B. Simon）等によって提唱された指導方法で、価値観

が多様化した社会においては個人の主体的な価値選択を重視しなければならないという基本的な考え方である。もちろん、感情的な側面に着目したそこでの価値選択は必ずしも道徳的価値ばかりではない。むしろ目指すのは、自分が自分らしくなっていくこと、自分への気付き（awareness）による自己実現である。

　その方法論的な枠組みは、わが国においては構成的グループエンカウンター（SGE = Structurud Group Encounter）と呼ばれるもので、子供相互が心と心の触れあいを通して自己肯定感を感じたり、人間関係構築力を培っていったりできるような場を授業として意図的に設定することにある。

　SGE の基本的な流れは、学習者の緊張をほぐし、心を解放するアイスブレイクとしてのウォーミングアップ（場の雰囲気づくり）→エクササイズ（例題等に基づく実習）→シェアリング（感想等に基づく分かち合い）という過程である。よって、この SGE による価値の明確化方式での道徳授業では、一般的な道徳教材を使うこともあれば、使わないでエクササイズのみで行う場合もある。ただ基本型に共通しているのは、「価値シート」と呼ばれるワークシートを用いることである。それを使いながら、子供一人一人がじっくりと自分と向き合って自己内対話し、さらに小グループでの語り合い・聴き合い、分かち合い（share）へと広げて、最後にまた自己内対話へと立ち返るパターンである。そこでの子供は自らものの見方、感じ方、考え方を自由に表明でき、押し付けによらない学びの主体性や自主性が保障されるのである。

　もちろん、この手法による問題点も少なくない。個人の価値選択に根ざして形成された価値観というのは、あくまでも個人的なものでしかない。よって、その中核となる道徳的価値観については倫理的原理という共有する部分がなければ社会秩序が維持できないという倫理的価値相対主義（倫理的真理の絶対的妥当性を認めない立場）に陥る危険性が大きいという問題を抱えている。ただ、インカルケーションの道徳授業では十分に保障できない「書いて自己内対話すること」、「他者とじっくり語り合い、聴き合うこと」、「互いの感じ方を十分に分かち合うこと」といった個としての学びの充足を可能にする点では、極めて効果的な指導方法である。

表5－8 価値の明確化による道徳科授業の基本型

指導展開過程	主 な 学 習 活 動
導 入	子供の思考を刺戟する道徳教材（読み物教材、社会的事物・事象を表した図や写真、映像、統計、実物等）を提示し、主題への関心を向けさせる。
展 開 Ⅰ	提示された道徳教材を基に、価値シートを用いながら個々にじっくりと自問させ、自分や自分の価値についての気付きを深めさせる。
展 開 Ⅱ	小グループでの語り合い、聴き合いを通して、相互にその考え方を認め合い、理解し合うことで相互理解を深める。最終的な全体としての結論は求めない。
展 開 Ⅲ	小グループで出た考え方、意見をクラス全体で共有（シェアリング）し、多様な価値観に触れることで個々の思考を刺戟し、視野を広げさせる。
展 開 Ⅳ	再度、子供個々に価値シートへ取り組ませ、自分が選択した価値とそれを選んだ理由を改めてじっくりと自己内対話させる。
終 末	本時の授業で気付いたこと、考えたこと、知ったこと、これから実践しようとすること等を振り返りシートに記入させたり、発表させたりする。

価値の明確化授業で用いる価値シート自作例 田沼作成

外国よりも遠い南の楽園　　　　　　　（　）年（　）組　氏名（　　　　　）

（事例テーマ：東京都小笠原空港開設問題　＊自作教材）

　東京都小笠原村へ行くには、唯一の交通手段である船に乗って24時間あまりかかります。村がある小笠原諸島は東京都からの直線距離で千km、太平洋に浮かぶ自然豊かな南の楽園です。でも、父島や母島など幾つかの島で成り立つ小笠原村で暮らす人々（人口3千人余り）の歴史は辛いものでした。遠く本土から離れ、太平洋戦争後は外国の支配下に置かれて昭和44（1969）年8月にようやく日本へ返還されました。村の人々は漁業や農業等でも生計を立てていますが、その収入の多くは観光に依存しています。陸の孤島である小笠原村は、自然の宝庫で固有種や絶滅危惧種、天然記念物など多くの動植物が手つかずで残っています。そんな豊かな自然と共存していることから、2011（平成24）年にはユネスコ世界文化遺産として登録されました。

　そんな小笠原村では、20年以上も結論を出せない問題を抱えています。それは小笠原空港開設を巡る立場の違いから起こる解決困難な対立問題です。皆さんは、3人の住民の異なる意見のどれに賛成しますか。

【長年島に暮らす高齢のAさんの意見】

　小笠原には大きな病院がない。だから、急病人が出ると本土へ救援要請してヘリや水上飛行機で搬送してもらうが、間に合わなくて命を落とす人も少なくない。同じ日本国民なのに、なぜ小笠原には空港も作ってもらえないのか。自然保護が大切なのは分かるが、そこに住む住人の命や生活はそれ以上に大切ではないのか。

【島で観光業を営むBさんの意見】

　小笠原には、若者が島に残って働くための仕事場がない。村がずっと元気でいられるように、多くの観光客を呼びたい。ホエール・ウオッチングやスキューバーダイビング、島内ウォーキングなどで観光客を案内する時は、自然環境保全に最大限の努力をしているから心配はいらない。豊かな自然を多くの人に楽しんでもらい、住民の生活が豊かになるためにも空港建設は絶対に必要だ。

【豊かな自然に魅せられて移り住んだ若者Cさんの意見】

　小笠原の自然の素晴らしさに惹かれ、この村に移り住んできた。今は観光ツアーガイドの仕事をしているが、世界文化遺産となった自分たちの島の自然を守るのは大切な役目だと思っている。小笠原は交通が不便だからこそ、環境保全ができている。そこに空港が建設されたら島の生態系が崩れ、貴重な動植物が絶滅することになる。何よりも、小さな島に大勢の人がやってくること、それが問題だ。

【質問1】　3人の主張を聞いて、どんなことを感じましたか？

と感じた。

【質問2】　3人の人物の誰の立場でどんなことを考えましたか？

（　　）さんの立場で、

と考えた。

【質問3】他の（　　）さんと（　　）さんは、どんな気持ちだと思いますか？

（　　）さんの立場なら、

と思う。

（　　）さんの立場なら、

と思う。

★自分の考えをもとに、グループの人と語り合ってみましょう。

メンバー	考えや意見	自分のコメント
②		
③		
④		

★自分の考えをもとに、グループの人と語り合ってみましょう。

★クラス全体で交流し、感じたことを書いてみましょう。

★授業の中で気づいたこと、感じたこと、考えたことをまとめましょう

③　認知発達論に基づくモラルジレンマ・アプローチ

　この方法論的アプローチは、コールバーグ理論と呼ばれることも多い。コールバーグ（L.Kohlberg）は、その発達させるべき子供の道徳性を①「公正さの普遍的原理（すべての道徳的価値の根本としての公平さ）」、②「役割取得原理」（他者の視点で判断する能力）、③「人間尊重原理」（すべての人は同様に扱われなければならないという原則）という前提に基づいて捉えた。そして、子供が具体的場面でどちらが正しいかという価値選択の伴う道徳的葛藤（価値対価値のモラルジレンマ）に身を置くことで、個の認知構造における同化と調節の結果としてのシェマの増大をもたらす道徳判断の質的変化、つまり道徳性の段階的上昇を討論（ソクラテスの問答法的な）によって導き出そうとしたのである。それは、他律的な道徳性発達段階（「〜である」）から自律的な道徳性発達段階（「〜すべきである」）への規範性に関する質的に高次な認知構造の獲得を意味するものであり、そのための手立てとして、子供を不均衡な状態、つまりモラルジレンマの中に置き、自らの道徳判断を基にしたディスカッション過程を通し、最終的に人間としてのよりよ（善）い在り方・生き方の視点から主体的な問題解決を図れるような場（道徳授業）の構築を目指したのである。

　わが国では1980年代頃から方法論的改善研究が進められ、多くの学校で様々な実践が重ねられてきた。

　このモラルジレンマ・ディスカッションが抱える問題点は、本来的な意味での価値葛藤（価値と価値との狭間での主体的価値選択）と心理葛藤（望ましい価値選択だが困難が伴う場合、それを回避しようとする選択といった心理的価値選択・反価値的選択）とが混同されやすい点、特に小学校段階ではここでいう価値葛藤のテーブルに付かせる状況づくりが大きなポイントとなる。また、ややもすると個別的な道徳性をもったすべての子供が同様に段階上昇を目指さなければならないという心理学的な誤謬（思い込みによる誤り）に教師が陥りやすい面も問題点である。そして、最後に指摘しなければならないのは、わが国の学習指導要領に示された道徳の内容項目は多岐にわたり、この方法論的アプローチではすべてが網羅できないことである。ただ、教師の側からすれば、手応えのある授業づくりが可能であろう。

《モラル・ジレンマ教材例　自作教材》

「生命の輝き」（対象：小学校高学年。中学校下学年）＊田沼自作教材

　Sさんは、ある研究所に勤める薬学の研究者である。長年研究してきた成果が、今年になってようやく実を結びつつある。その成果が認められて国から新薬の認可がおりれば、病気で苦しんでいる多くの人々に希望を与えることになるだろう。そう思って、寝る間も惜しんで研究に没頭していたSさんであるが、最近、どうも体調が思わしくない。働き過ぎで、きっと疲れが溜まったのだろうと思ったが、家族の勧めで病院の検査を受けた。

　検査を終えたSさん、「積み重なった過労が影響しているかもしれませんね。でも、命にかかわる重大な病気が疑われるので再検査をしましょう。」という医師の言葉を途中まで聞くと、自分は大丈夫といった様子でそのまま研究所へ一目散に向かってしまった。残された妻が診察室を出ようとすると、担当の医師にふいに呼び止められた。そして、「お仕事が大変なようですが、癌^{がん}の遠隔転移が疑われるステージ4の可能性が高いです。そうなると余命があまりないかもしれません。すぐに研究を中断して入院し、精密検査と延命に向けた治療をすべきです。奥様からも、ご本人を説得してください。」と告げられた。

　突然の出来事に目の前が真っ暗になってしまった妻は、混乱した意識の中ですぐに夫の働く姿を思い浮かべた。あと少しで多年の努力が報われ、大勢の人を救う研究成果が出せると張り切っている夫がこれを聞いたらどうするのだろうかと。入院しなければ長年共に支え合ってきた夫の命が危ない。かといって、心血注いだ研究成果がもうすぐ出せる夫である。どうすればよいのかと途方に暮れながら、妻はおぼつかない足取りで診察室を後にした。

表5-9　モラルジレンマ・アプローチによる授業基本型（＊2時間扱い事例）

	指導展開過程	主　な　学　習　活　動
第	モラルジレンマの提示（モラルジレンマの共通理解）	子供に価値判断を促すモラルジレンマ（読み物教材等）を提示し、主人公の道徳的状況理解と役割取得をしながら論点を明確に把握させる。
1	第1次判断とその理由付け	ジレンマの中で主人公はどうすべきかを判断させ、その判断理由をワークシートに書き込ませる。
次	価値判断とその理由付けを整理（発達段階の	個々の子供の価値判断とその判断理由について整理・分類する。そして、その判断結果や理由付けに相互のズレが生じて

	同定)	いることを確認させ、次の学習過程へとつなげる。
第 2 次	ジレンマの確認と第1次判断での結果を確認	再度主人公の葛藤状況を確認し、第1次判断での結果およびその理由付けについての個々のズレを明確にしておく。
	モラル・ディスカッションの実施（論点→自己判断）	異なる立場からの意見交流を行わせ、その判断や理由付けについての対立点（論点）をより焦点化させる。そして、それらの討論結果を踏まえながら自分の主体的な考え方を明確化させる。
	第2次判断とその理由付けを記入	モラルジレンマの中で主人公はどうすべきかを再度判断させ、自分が納得できるその判断の理由付けをワークシートに書き込ませる。（授業はオープン・エンドで終了）

　このモラルジレンマ・ディスカッションアプローチによる授業手法では、小学校45分、中学校50分の道徳授業にすべて納めることが難しいことも少なくない。そのような場合は、2週続けての授業となるが、第1次から第2次へのつなぎの段階で、子供が学習内容を鮮明に記憶に留めておけるようツァイガルニク効果（zeigarnik effect：ズレが生じたままの未完了課題に関する記憶は完了課題の記憶よりも残りやすく、想起されやすい）の活用が有効である。また、授業終末は子供一人一人の主体的な思考・判断を重視し、共通の道徳的解決という道徳的価値に照らした望ましさの共有といった結論を敢えて求めないオープン・エンドとなる。

（3）道徳科授業を支える道徳教材の要件とは何か

①　間接的道徳体験としての役割とその必須要件を考える

　道徳科授業において道徳教材が具体的に活用される時、そこで子供達は日常生活では得難い道徳的追体験をすることになる。あたかも自分が実際に遭遇したような感情体験をすること、道徳的課題追求をするために同一の道徳的追体験を級友と一緒にすること、ここに道徳教材の役割がある。

　本来は、道徳的追体験といった間接的体験よりも直接的な問題、今実際に学級内で起こっている問題や、身近な社会問題等を取り上げた方が強烈なインパクトを伴って道徳的な思考・判断を迫ることができる。しかし、道徳科授業での教材は直接的な道徳体験よりも道徳的追体験を優先ずる場合が多い。その理由は、表5-10のような点である。

表5-10 間接性のある道徳教材を用いる理由

---

①教科教育としての計画性を担保する役割

　道徳科の授業は意図的かつ計画的に実施されるものである。よって、直接的な道徳体験が発生するのを待って教材化していたのでは、毎時間の授業そのものが成り立たない。むしろ、学習指導要領に示された内容項目に即して設定したねらいを達成するのに適切な間接的道徳体験を教材として配置した方が計画的に実効性の伴う道徳科授業として構想しやすい。

②忌憚なく語るための間接的道徳体験としての役割

　道徳教材としての間接性は、とても重要である。例えば、学級内の直接的な道徳問題を教材として取り上げたとする。確かに具体的で実際的なので、思考・判断するのは容易い。しかし、当事者を前に忌憚なく自らの思いを語れるであろうか。遠慮や気遣いで何も言えなくなることすら、想定されよう。ゆえに、道徳教材の間接性は必要不可欠なのである。

③自分を投影して思考する姿見（鏡）としての役割

　教材中の人物の考え方や言動を批判的（共感的、同情的であったりする場合もあろう）に思考・判断する際は、同時に自らに向けられている内なる目に晒されていることでもある。もし自分がその立場だったら、自分がその場に居合わせたら……と自分事として当事者性をもちながら語らずにはいられなくなるのである。自分のことを棚に上げてというよりも、「自分もそんな弱さや醜さがあると同時に一生懸命に頑張っているよさも併せもっている、だから登場人物の考え方や行為について自分は好判断しよう」といったメタ認知的な道徳的学びを可能にするのである。

〈道徳教材として具備すべき要件〉

　ア　人間尊重の精神に叶うもの。
　イ　ねらいを達成するのにふさわしいもの。
　ウ　児童生徒の興味や関心、発達の段階に応じたもの。
　エ　多様な価値観が引き出され深く考えることができるもの。
　オ　特定の価値観に偏しない中立的なもの。

［道徳教材として選択する際の望ましい要件］

　ア　児童生徒の感性に訴え、感動を覚えるようなもの。
　イ　人間の弱さやもろさに向き合い、生きる喜びや勇気を与えられるもの。
　ウ　生や死の問題、先人が残した生き方の知恵など人間としてよりよく生きることの意味を深く考えさせることができるもの。
　エ　体験活動や日常生活等を振り返り、道徳的価値の意義や大切さを考えることができるもの。
　オ　悩みや葛藤等の心の揺れ、人間関係の理解等の課題について深く考えることができるもの。
　カ　多様で発展的な学習活動を可能にするもの。

（旧版小学校学習指導要領解説 p.94、中学校同 pp.98〜99より引用）

②　道徳教材を類型化して理解する

　道徳教材を効果的に活用するということは、道徳科授業活性化のためには不可欠な視点である。その1時間が子供にとって有意義なものになるか、それとも現実の自分とはかけ離れた無意味な空理空論で終わるかは、個々の内面に根ざした道徳性形成を目指す道徳科授業においてはそれこそ死活問題であるといっても過言ではない。教師が何を問うても、子供達の心が「暖簾に腕押し」、「柳に風」で全く動かされないなら、授業そのものが無に帰してしまう。ならば、道徳教材をどう理解し、選定し、活用することを心がければよいのかという教材活用研究も必要となってくる。

　教材の特質を分類する一般的な観点は、その授業でねらいを設定して育成を目指す道徳性の様相に応じて行う方法である。道徳授業は、子供達に特定の道徳的価値に気付かせ、それを内面化させていくことを目的に行うものである点を考慮するなら、極めて妥当な分類方法となろう。

　主な分類の観点としては、その教材を用いることで道徳的な考え方や立ち振る舞いを理解させる「知見教材」、自分の望ましい在り方・生き方としてどのような価値選択をすべきなのかを問う「葛藤教材」、子供の感性に働きかけることでその価値の大切さを感得しつつ実現させずにいられない心情を育む「感動教材」等がある。

●知見教材……道徳的価値について理解するための知識を付与したり、望ましい考え方・判断の仕方・行動の仕方をモデル的に示したりすることを可能にする。

★論理的一貫性をもって納得できる内容を伴っている。

★自分がその立場なら他者との関わりの中でどのように考え、どう行動することが望ましいのかを問える。

●葛藤教材……望ましい道徳的価値選択として、何をどう理解し、判断すればよいのかを価値理解、価値実現の機会として示すことができる。葛藤には価値と価値の狭間で選択に迷う価値葛藤（2価値間でのジレンマ、3価値間でのトリレンマ等）、価値あるものと反価値（欲求、誘惑、安易さ等）との心理葛藤の2通り

がある。

★個々の価値選択の根拠を大切に取り扱える。

★葛藤という困難な選択を強いる以上、最終的に一方的解釈
　による価値の押し付けとはならず、オープン・エンドで授
　業が構成できる。

●感動教材……資料中の人物の生き方に対して子供が感動したり、感銘を受
　けたりすることで情意的側面から道徳性に働きかけ、価値感
　情を高め、個の内なる良心を磨き高めることを可能にする。

★自我関与して得た感動を大切に扱うことができる。

★どう感動を受け止めたのかを問いかけ、個々の道徳体験と
　重ね合わせながら自己課題に気づかせることができる。

③　道徳教材類型に基づく活用方法を考える

　道徳教材をどのように分類するのかという観点を教師がもつことは、裏返せ
ば、その活用までをも見越してのことである。道徳教材を各指導時間のねらい
に即して分類し、それを効果的に活用するための明確な視点をもつことで授業
は一変する。子供達が問題とすべき論点を明確にして授業に臨めるなら、1時
間の中で話題が盛り上がって山場となる場面が到来し、味気なく淡々と展開す
る平板な授業は影を潜めよう。

　また、指導する教師の側も用いる教材によって効果的な活用セオリーがある
なら、授業時における学習展開や発問構成、板書計画等の構想も立案しやすい。
旧文部省の教科調査官として道徳の時間特設以降、2度の学習指導要領改訂を
経て浸透期にさしかかりつつあったわが国の道徳教育を指導した青木孝頼
（1995年）は、教材活用分類を手掛かりに、効果的な道徳教材活用類型（当時は
資料類型と称していた）を検討した。

　青木が唱えた道徳教材活用類型は、「同じ一つの資料を、授業者がどのよう
に活用するのかという活用の仕方の分類」[2]に特色がある。青木は、同一教材
を「範例的活用」、「批判的活用」、「共感的活用」、「感動的活用」と4分類し、
それぞれ授業の導入段階、展開段階、終末段階での具体的な活用をするための
発問構成例とセットにして説明した。

　ただ、これらの教材活用類型は教師側の有効な教材活用の目安であって、ただちに効果的な道徳授業展開に結び付くわけではない。子供達の道徳的実態にそぐわない場合は、さらなる教材開発の工夫が求められよう。

●範例的活用……登場人物の行いについて、子供達にひとつの模範例として受け取らせたり、その行為に含まれる道徳的価値を感じ取らせたりする意図で活用する。

【主に展開前半での発問例】

　★主人公は、どうして困ってしまったのだろう。

　★主人公は、どうしてそんなことをしたのだろう。

【主に展開後半での発問例】

　★主人公のよさは、どんなところから分かるだろう。

　★主人公のどんなところを学べばよいのだろう。

●批判的活用……登場人物の行いや考え方について子供達に批判させ、互いの意見を語り合わせることでねらいに関わる道徳的な考え方、感じ方をいっそう深めさせることを意図して活用する。

【主に展開前半での発問例】

　★主人公のしたことをどう思うか。

　★相手のしたことをどう思うか。

【主に展開後半での発問例】

　★主人公の行いは、やむを得ないという考え方はないか。

　★主人公の行いからどんなことを学んだか。

●共感的活用……子供一人一人を登場人物になりきらせて想像させ、主人公の言動に託した個々の道徳的価値観に基づく心情や判断の表出を期待する意図で活用する。

【主に展開前半での発問例】

　★主人公は、この時どんな気持ちだったのだろ。

　★主人公は、どんなことを考えていたのだろう。

【主に展開後半での発問例】

　★迷っている主人公の気持ちは、どのようなものだろう。

　★相手の人は、主人公に対してどんなことを考えているだろう。
●感動的活用……深い感動の伴う教材について、道徳授業におけるねらいと
　する価値についての感動を問い、なぜそんなに心が動かされたのかを意識
　化、自覚化させることで子供一人一人の内面的感動の持続を期待する意図
　で活用する。
【主に展開前半での発問例】
　★なぜ、そこで自分の心は動かされたのだろう。
　★自分と友だちとの感動した理由を比べてみよう。
【主に展開後半での発問例】
　★このような気持ちをこれまでに自分ももったことがあるか。
　★主人公の行いは、どうして人の心を動かすのだろうか。
　道徳教材は、道徳科に移行したことによって、これまでのような読み物教材
一辺倒ではなくなってきている。道徳科授業で用いられる教材（teaching
material）は、その用語が示す通りの資源材料であるから、読み物資料、映像
メディア、実話、画像、漫画、情報誌や新聞、実物、実演等、実に多種多様で
ある。場合によっては、子供自身が自ら語り合う素材を見出して授業そのもの
を創り出すことも想定されよう。
　そのような教材の多様性が求められる中で、教材そのものが授業展開に及ぼ
す影響という視点から教材の特質を踏まえておく必要があろう。道徳科授業に
おける子供自身の道徳的学びに対する感情を分析すると、2側面が考えられる。
一方で、求めるものが自らのよりよい在り方、生き方に関する事柄であるため
に定まった解答というものがなくて、自己決定の伴う自己肯定感（自分への信
頼感）や有用感（役立ち感）、他者受容感（受け入れられ感）を肌身で受け止め
ながら学びを実感できる。しかし、もう一方では道徳的課題追求をすればする
ほど、現実的な自分の姿と自ら求めるあるべき理想的姿に隔たりを実感してし
まう惨めさや不快さ、苦痛も同時に味わうのである。正に「言うは易く行なう
は難し」の諺の通りである。
　大学研究者の立場から道徳授業論を展開してきた村上敏治（1981年）は、こ
のような道徳的学びにおける矛盾を混在的に引き出す道徳教材について、「資

料は道徳的思考をみがく砥石であり、人間の生き方に直面する姿見であり、人生の地図を見て自らの立脚点を見つめる展望台に立たせるものである」[3]と、道徳教材がその役割として内包する未来志向的な「発展性」を指摘している。

　自らの生き方を見つめ、問い直すという苦痛に打ち勝ち、より望ましい在り方や生き方を志向する意欲を喚起し、持続させていく原動力となるべき要素が発展性である。人間の生きる姿に映し出される弱さ、醜さ、健気さ、気高さ、逞しさ、愛おしさ等々をさながらに映し出す道徳教材こそ、これからの自分の未来を志向して学び、生きていく子供達にどれだけの励ましを与え、導き、勇気づけていくことか計り知れない。

3　道徳科授業を促進する教師力を考えよう

（1）道徳教育で果たす潜在的カリキュラムとしての教師力

　学校は組織的営み、つまり一人一人の教師の力、教師集団の力に負う部分がとても大きい。まさに、「教育は人」なのである。ゆえに、学校の道徳教育を充実させようと意図するなら、夢とロマンを秘めた教育愛を自ら体現しようとする校長等の学校組織リーダーの指導・統率力が何よりも求められるのである。教育活動を充実させることでしか内部からの変革は成し遂げられないのであり、学校という器に魂を入れるのは、他ならぬ教師一人一人の思いであろう。先に触れた潜在的カリキュラムを醸成する前提づくりが目的の共有化、同僚性に裏打ちされた相互信頼感、それぞれの組織的役割として与えられた責任感が調和的に開花した時こそ、子供一人一人の道徳的学びは大いに発揮されるのである。

　子供が「自らの道徳的学びを創る」という理想的な視点から問えば、その第一歩は潜在的カリキュラムのみでなく、潜在的カリキュラムも有効性に発揮される教師集団の力に負うところが大きいのは疑う余地のないところである。以下にそのような事例を紹介したい。

　次頁に挙げた事例は何を物語っているのか。それは、「道徳的学び」という本質に関わる教師の役割や立ち位置の在り方についての問題提起である。道徳的学びは、ただ教師と学習者がいれば成立するといった単純なものではないし、

> **事例：学舎への一礼と無言清掃を通した生徒の道徳的学び**
>
> 　福井県吉田郡永平寺町は、曹洞宗大本山となっている永平寺があることで宗教都市としての威厳が漂う地域である。この永平寺町にある永平寺中学校は生徒数約169名、教職員数は非常勤職員も含めて25名（平成27年度）という少子化の余波を受けた小規模校である。しかし、そこでの教育活動は様々なメディア等を通じて広く全国に知れ渡っている。
>
> ◆永平寺町立永平寺中学校の校訓は、「自立、振気、敬愛」である。この中学校の教育的特色は、永年引き継がれてきた校門での「礼」と無言清掃活動である。子供達は登校すると、まず校門の前で一礼する。もちろん、下校時も同様である。どんなに急いでいる時も自分達の学舎に振り返って一礼する。また、音楽の合図で開始される校内清掃は、心を磨く修行として最初から最後まで全員が無言で黙々とこれに取り組む。終了の音楽が流れたらその場に正座して沈思黙考し、自分が少し余分に頑張れたこと、気付いたこと、今後への課題等を内省する。このような取組みは、生徒達が主体的に発想・実践したのではない。地域社会に根付いた学校文化として受け入れ、守り、後輩へ引き継いでいく価値のリレーに身を置く中で受動的な自分から能動的な自分へと変容させているのである。

学校という立派な施設・設備がなければ成立しないというたいそうなものでもない。子供が学ぶためには、なぜ学ぶのかという動機付けと共に、その到達すべき目標（ゴール）は何かという必然性を暗黙知として、あるいは明確な学校知として提示していくことである。そのためには、学校の教育課程として文章化された公的な顕在的カリキュラムだけ立派に整備しても、それを日々の教育活動で円滑に運用する教師にその思いや指導スキルに関わる信念がなかったら、ただの宝の持ち腐れとなってしまう。道徳教育では、教師力が必須要件なのである。

（2）道徳科授業を支える教師の役割はどうあるべきか

　先に触れたP. W. ジャクソンは、教室という集約的な場所における教師と子供との服従・支配関係を「群れ」、「賞賛」、「権力」というキーワードで描いて

みせた。このような子供達が学校内の教室で置かれた教育環境や教育条件、教師と子供との関係性等々を潜在的カリキュラム要因から分析するなら、そこにはポジティブでプラスに作用するようよう努める教師力は絶大な影響力をもつ。

　このような視点から学校教育における教師力を捉え直すと、そこには道徳教育や道徳科授業へ知らず知らずに影響を及ぼしている教師個人の資質・能力や教師集団固有の文化的特質という部分が大きく作用している点を見逃すわけにはいかない。

　図5-1は、教育方法学の視点から教師文化を研究対象としている佐藤学（1994年）の「教師像の類型とその文化」[4]を表したものである。

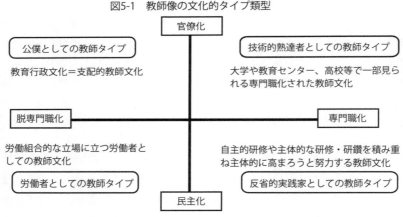

図5-1　教師像の文化的タイプ類型

（出典：佐藤学『教育方法論』1996年、岩波書店、p. 142 より引用・加筆）

　教師文化は、学校や教室の問題対処を通して形成され、学校教育という規範的枠組みの中で醸成・保持されてきた特有の典型的教師像である。

　ここで類型化した「公僕としての教師タイプ」、「労働者としての教師タイプ」、「技術的熟達者としての教師タイプ」、「反省的実践家としての教師タイプ」という4規範類型は、縦軸としての「官僚化」VS「民主化」、横軸としての「専門職化」VS「脱専門職化」という2軸が交差する座標平面上に典型例として描き出したものである。

まず、「公僕としての教師タイプ」であるが、公衆の僕タイプとして教師を位置付けるものである。言わば、国民に対する奉仕性と献身性という行政官僚的な、公務員タイプの教師像である。やるべきことはきちんとやるが、自分の裁量範囲を超えた部分については介入しないという教師スタイルが学校教育の場でどのように作用するのであろうか。保護者や地域だけでなく、施策を通した行政サイドからの理不尽とも思える過度な期待や負担を強いられる今日の学校現場で、「公僕としての教師タイプ」が良くも悪くも及ぼす影響力は少なくない。

次に、「労働者としての教師タイプ」であるが、これは1960年代の教員組合運動と共に台頭してきた教師像である。「聖職としての教師像」を否定し、「労働者としての教師像」を掲げた理念は、むしろ「公僕としての教師タイプ」と拮抗するものとなっている。教職を他の勤労者と並列的に位置付け、連携することを重視した結果、専門職としてではなく、プロレタリアート的な「サラリーマン教師」としての社会的地位を相対的に低下させる要因となっている。ただ、昭和30年代には90％近くを誇っていた教員組織加入率も、社会状況の変化や教師の意識変化から今日では20％台で低迷しているだけでなく、教員組織そのものに拘束されることを敬遠するアノミーな若手教師世代層の拡大でこのタイプは影を潜めつつある。

さらに「技術的熟達者としての教師タイプ」は、教師教育の科学化（教員養成システムの改革や教職大学院等における学び直し）と現職研修の制度化（初任者研修、10年経験者研修、教員免許状更新講習等）等を背景に顕在化しつつある教師像である。旧文部省や都道府県教員委員会等による研究校指定、各行政単位で設置された地方教育センターでの教育研究が推進された結果として、有能な教師イコール技術的熟達者タイプという教師文化が定着してきた。この教師タイプの出現は、公僕としての教師タイプが専門職化していくことで学校の中の支配・被支配的関係を創出するという事実を前提にしたものである。

そして最後が、縦軸と横軸の交点する右下領域としての「反省的実践家としての教師タイプ」の存在である。この反省的実践家（reflective practitioner）という概念を規定したのは、もちろん前出の哲学者ドナルド・A・ショーンその

人である。この反省的実践家タイプの教師は、日常の教育活動において常に行為の中の反省としての反省的洞察を行っており、そのような教職としての姿勢が教育効果そのものを支えている有用な人材と考えられる。これまで、授業研究といった研究・研修機会を通じて互いがその技量を高め合うことが日常化してきたわが国においては、本来的に多くの教師がまさにショーンのいう「行為の中の反省」を自ら進んで行う反省的実践家となっている筈であるが、果たして実態はどうなっているのであろうか。

　改めて言及するまでもなく、学校教育の成否は教師力次第である。保護者や地域社会から信頼され、広く社会から尊敬される教師としての資質・能力が高い教師の確保は今日の学校現場の喫緊の課題となっている。中央教育審議会答申「教職生活の全体を通じた教員の資質能力の総合的な向上方策について」（平成24（2012）年8月）をもち出すまでもなく、「優れた教師の条件」は以下のような資質・能力を有する教師である。そしてキーワードは、「学び続ける教師」である。

　このような教師の資質・能力向上に向けた養成から現職研修まで一貫した改革への必要性については、平成27（2015）年12月21日に公にされた中央教育審議会答申「これからの学校教育を担う教員の資質能力の向上について〜学び合い、高め合う教員育成コミュニティの構築に向けて」でもよりいっそうの改善努力を求めている。

これからの教員に求められる資質・能力

①　教職に対する責任感、探求力、教職生活全体を通じて自主的に学び続ける力（使命感や責任感、教育的愛情）

②　専門職としての高度な知識・技能（教科や教職についての高度な専門性、新たな学びを展開できる実践的指導力、教科指導・生徒指導・学級経営等を的確に実践できる力）

③　総合的な人間力（豊かな人間性や社会性、コミュニケーション力、同僚とチームで対応できる力、地域や社会の多様な組織等と連携・協働できる力）

　学校教育の場での共同研究や現職研修というと、つい講演会や授業研究会さ

えやっていれば大丈夫と思われがちである。果たしてどうなのであろうか、各学校の道徳教育推進や充実を担う教師力、教師集団としての組織力等について研鑽を深めていくマネジメント研修は不要なのであろうか。「チーム学校」ならぬ「チーム道徳」が叫ばれる今、道徳教育を担う教師力についての磨き合い研修も学校教育を充実させる重要な一方法ではないだろうか。

　戦前・戦後と一国語教師として教育に心血を注ぎ、偉大な功績を残した大村はま（1906〜2005年）は、著書の中で「伸びようという気持ちを持たない人は、子どもとは無縁の人です」[5]と一刀両断にしている。研究や研修は職業人として至らないところを鍛え合い、さらに高見を目指す営みだからである。

（1）　岩瀬六郎『生活修身原論』1932年、明治図書、p.2。
（2）　青木孝頼『道徳授業の基本構造』1995年、文溪堂、p.38。
（3）　村上敏治「わかりやすい組み立ての道徳授業論とその展開」現代道徳教育研究会編『道徳教育の授業理論』1981年、明治図書、p.121。
（4）　佐藤学『教育方法学』1996年、岩波書店、p.142。
（5）　大村はま『灯し続けることば』2004年、小学館、p.34。

第5章の参考文献

（1）　J. ピアジェ『臨床児童心理学　Ⅱ　児童の世界観』大伴茂訳、1954年、同文書院
（2）　L. コールバーグ『道徳性の発達と道徳教育』岩佐信道訳、1987年、広池学園出版部
（3）　L. コールバーグ『道徳性の形成』永野重史監訳、1987年、新曜社
（4）　L. コールバーグ他『道徳性の発達段階』片瀬一男他訳、1992年、新曜社
（5）　山岸明子『道徳性の発達に関する実証的・理論的研究』1995年、風間書房
（6）　N.J. ブル『子供の発達段階と道徳教育』森岡卓也訳、1977年、明治図書
（7）　押谷由夫『道徳性形成・徳育論』2011年、NHK 出版
（8）　林泰成『新訂　道徳教育論』2009年、日本放送出版協会
（9）　諸富祥彦編『道徳授業の新しいアプローチ10』2005年、明治図書
（10）　諸富祥彦『「問題解決学習」と心理学的「体験学習」による新しい道徳授業』2015年、図書文化
（11）　小寺正一・藤永芳純編『道徳教育を学ぶ人のために』1997年、世界思想社
（12）　小笠原道雄他編『道徳教育の可能性』2012年、福村出版
（13）　柳沼良太『実効性のある道徳教育』2015年、教育出版

第 6 章

道徳科の今後とこれからの課題を考えよう

1　道徳科を通して現代的課題への対応を考えよう

（1）道徳科を取り巻く現代的課題について

　平成26（2014）年11月20日に文部科学大臣より中央教育審議会に対して「初等中等教育における教育課程の基準等の在り方について」と題する諮問がなされた。つまり、これから20年、30年先に社会人となる子供達に必要な資質・能力を前提とした新しい学力観を踏まえた学習指導要領の基本的な考え方を検討してほしいという要請である。

　各学校の教育課程の基となる教育の国家基準となる学習指導要領改訂で必須なことは、これからの時代を生きる子供達に求められる学力をどう未来予測して策定するのかという問題である。

　平成27（2015）年2月、文部科学省「産業競争力会議　雇用・人材・教育WG」の配布資料中にあったニューヨーク州立大学教授C.デビットソン（Cathy N.Davidson）の「2011年度にアメリカの 小学校に入学した子供達の65％は、大学卒業時に今は存在していない職業に就くだろう」という30年後社会を予測するフレーズが、各方面関係者の関心を引いたことは記憶に新しい。

　無論、道徳科とて無縁ではない。道徳科授業は学校における全教育活動の要の時間として各教科等の学びが密接に関連し合い、相互補完的に機能し合って大きな学習効果を生み出すものである。その点において、総合的な活動の時間において例示されているような現代的課題、例えば生命倫理、情報モラル、環境、福祉・健康、キャリア形成、国際理解等々といった教科横断的・複合領域に跨がる今日的課題も積極的に受け止めていかなければならない。その指導において肝要なのは、現代的課題の内容そのものを道徳科授業で直接指導するの

ではなく、取り上げる様々な道徳内容を通してその根幹にある諸価値を有機的に価値付けるということである。言わば、社会的存在として求められる人間性の部分、「根っこ」の育みに寄与するのが現代的課題として取り上げられる内容である。

このような現代的課題の取扱いは、今後使用が開始される道徳科教科書にもしっかりと位置付けられるようになってこよう。平成27（2015）年7月23日に教科用図書検定調査審議会が公にした「『特別の教科　道徳』の教科書検定について」という報告には、「現代的な課題については。例示されている情報化への対応以外にも様々な課題が考えられるところであり、具体的にどのような課題を教科書で取り上げるかは教科書発行者の創意工夫に委ねられるところである。教科書発行者は、道徳科の教科書において現代的な課題を取り上げる際には、学習指導要領上、他の教科で学習する内容は当該教科の教科書で扱われることを前提としつつ、道徳科の学習のねらいを達成するために、他の教科で学習する内容について必要な範囲に限って取り上げることも考慮する必要がある」と述べられている。

つまり、現代的課題については他教育活動で取り上げられる内容と連動させつつ、道徳的価値と関連付けながら子供一人一人に内面化させていくことを意図しているのである。よって、道徳科授業ではこれとこれ、というように現代的課題の具体的な事柄を一つ一つ特定して総て万遍なく取り扱っていくという発想ではないのである。学校の全教育活動との関連性や子供・地域等の実態を踏まえながら、意図的かつ計画的に取り上げていくことが重要なのである。

（2）生命尊重の前提としての人権・共生についての問い

学校教育、道徳教育に関わる総ての前提は「生きること」、「生きている」ことである。生きていることを喜び、生きていることの意味を自覚し、共に生きている他者に対する偏見や差別を排除して尊重すること、すべての「生きとし生けるもの」を敬い、慈しむこと、これが生命尊重教育の原点である。

ただ、生命尊重教育で留意しなければならないのは、「普段食べている動物や魚の命だって地球より重い」、「死んだら総ておしまい」といった短絡的な指

導であってはいけないということである。

　生命尊重というと、生命そのものについての理解を重視しなければならない
と、つい思い込みがちである。しかし、図6-1にもある通り、生命の捉え方
は多様である。多様な生命観を特定のものに絞り込んで単純化したり、偏った
部分のみに視点をあてたりした指導は如何なものか。天賦された多様性に富む
「生命（いのち）」だからこそ、学校教育の様々な場面で、様々な方法で意図的
に子供一人一人に「生命観」を培っていくことが大切なのである。

図6-1　生命尊重教育のイメージマップ

《教育課程における指導場面例》

①　生物的存在としての生命について……生活科、理科、保健体育科等

②　社会的存在としての生命について……社会科、生活科、家庭科等

③　文化的存在としての生命について……国語科、社会科、算数・数学科、
　　　音楽科、図画工作・美術科、技術・家庭科、外国語科、保健体育科等々

　そしてこれらを有機的に関連付けるために架橋するのが、人格形成を直接の
教育目標とする道徳科授業での学習である。特に、「自己肯定感」や「他者受
容感」の育みは道徳教育の根本的な教育的課題であることを肝に銘じたい。

　その際、これら一連の教育活動において留意したいのは、子供の生命観形成に寄与する「潜在的カリキュラム」の影響についてである。先にも述べたが、潜在的カリキュラムは子供の学びに知らず知らずに大きな影響を及ぼす地域性、保護者の教育関心度、教師集団の専門性や士気等々である。

　例えば、教師が生命を語る時、死は怖いもの、死んだらそれで終わりといった態度なら、子供の内面には不安が募ったり、時には自暴自棄に陥ったりすることも懸念されよう。また、病気の子供、親しい家族や大切な存在をなくした子供の内面的傷つきは計り知れない。生の対極にある死は決して怖いものではなく、待ち焦がれるもの、あの世こそが人間本来の住まう場所といった子供を安心させるための偏った指導も許されざるべきものであることも付け加えておきたい。

（3）持続可能な社会を構築するための問い

　現代社会は、消費社会である。それを支える大量生産は様々な資源の枯渇や地球環境悪化といった危機的未来と裏返しの関係として成り立っている。今やグローバル化の波は消費行動のみでなく、環境汚染、温暖化、異常気象による自然災害の増加等々という現実の姿として顕れている。この改善のためには国際社会が連携し、地球規模で大量生産・大量消費・大量廃棄型社会の問い直しをするしかないことは明らかであるが、現実にはそれぞれの国情や地域エゴ等の利害関係が深く根を下ろしていて問題を深刻化させている。この問題の前提となる環境倫理の確立と共有をしない限り、未来世代への現代人の責任は果たせないのである。道徳科にあっても、他教科教育と関連付けながら「持続可能な社会」の次世代への継承をしっかりと取り上げていかなくてはならない重い課題である。

　その課題解決のためには学校、家庭、地域社会等々における日常生活な具体場面の中で様々な環境問題の状況を理解し、その要因を自分事と結び付けて考え、さらには自らの道徳的価値観として社会経済活動の在り方へ思い至るような、持続可能な社会に向けて選択・行動・参画する際に求められる資質・能力を培っていくこともこれからの道徳科授業での学びでは重要になってこよう。

　環境問題そのものを取り上げて学ぶことは、他教科での環境学習の内容と重複する部分でもあり、道徳科としての学びではその先にある価値選択、価値行動へのメタ認知、価値実現のための意思力形成といった持続可能な社会の実現に向けた実践的意欲や態度といった資質・能力形成を図っていくところに指導の比重が置かれるのである。環境について学ぶこと＝道徳科学習ではないという前提で、多面的・多角的に「環境問題」を思考・判断できる子供達の資質・能力形成を目指すことで「実践的道徳人」を育むことにつながっていくことを意識して指導にあたりたいものである。

　このような道徳科授業は、究極的には子供一人一人の自立を促す市民性教育にもつながるものである。未来社会を拓く子供達が自ら健康で文化的な生活を営むために、自然・地域・諸外国等との関連性を保ちながら、多様で豊かな社会を実現することを目指す健全な市民育成の場でもある。

（4）高度情報化社会に生きる個としての問い

　平成20（2008）年の小・中学校学習指導要領「道徳」改正で特に衆目を集めたのは、情報モラルの取扱いである。事実、現代情報化社会は利便性や豊かさのみでなく、一方では陰湿ないじめやネット詐欺等といった新たな社会問題を生み出している。このような現代的課題に対応した学校教育の場での指導は、残念ながら後手後手に回り、一部には目的性をはき違えた指導となっているといった混乱さえ見られるのが実情である。

　例えば、情報モラルといった場合、ややもすると情報収集・活用ツールとしての利便性と裏腹に生ずるネット上の誹謗・中傷、いじめ等、情報化の影の部分が露わになり、多くの問題を生み出している。このような異常事態を是正すべく道徳教育で取り上げようとすると、ついつい、具体的な場面での生活習慣や社会的なルール、情報活用マナー、集団構成員としてのエチケットそのものの指導に傾きがちになる。具体的な事例を通して、そこでの望ましい人間関係の在り方、生命尊重の意味、思いやりや親切、公正・公平な態度等といった道徳的価値内容について追求する授業であれば何ら問題ないのであるが、それが事例における具体的な対処法を身に付けさせるといったスキル形成の授業に陥

っている的外れな道徳授業も散見するところである。

　道徳科授業における現代課題への取組みの目的は、あくまでもそれを切り口にして道徳的価値に気付かせたり、自己の生き方、人間としての生き方や在り方についての考えを深めたりすることである。そのようなスタンスを堅持するなら、現代課題に関わる道徳教材、道徳素材には事欠かないはずであろうし、それらの教材から、道徳的価値追求に迫る指導法開発の道筋も見えてくるのではないだろうか。このような具体性の伴う現代的課題を通しての道徳科授業は活性化をもたらし、形式的指導に陥って学年進行と共に道徳授業そのものの受け止めが悪くなるといった外部からの批判を跳ね返す大きな原動力となるに違いない。

2　諸外国における道徳教育を概観しよう

（1）アジアにおける道徳教育

①　韓国の道徳教育

　韓国における戦後の道徳教育は旧日本植民地時代の「修身」を廃止した後、「社会生活」というアメリカ民主主義思想を基盤とした社会科教育の一部として道徳教育が行われるようになった。しかし、社会的混乱によるモラル低下や青少年問題の顕在化によって直接的道徳教育が望まれるようになった。そして、第2次教育課程（1963年）で特設された「反共・道徳」の時間は、教科および特別活動と共に学校教育3領域として位置付けられた。その後、第3次教育課程（1973年）より「反共・道徳」は教科「道徳」に改められて今日に至っている。

　第7次教育課程で、国家水準カリキュラムが「国民共通基本教育課程」と「選択中心教育課程」との2つの枠組みで構成されるようになった以降は、両課程に関連科目が位置付けられて初等学校、中学校、高等学校の道徳カリキュラムの連携が明確された。この方針は、2007年改訂教育課程（フレキシブルな改訂を可能にするため、何次という呼称は改変された）にも踏襲されている。近年の韓国の道徳教育は、教科アイデンティティーの確立を目指す方向性にある。

　なお、宗教教育はその知識に関する教育は高等学校では可能であるが、その他の宗派教育は教育基本法で禁止されている。

　また、教科書は小学校が国定教科書、中学校以降は検定教科書である。指導にあたるのは小学校では学級担任で評価は記述評価のみ、中学校以降は専任教員で数値による評価も実施している。また、2013年からは教科とは別に、日本の特別活動に相当する「人性（人格）教育」も全ての教育活動において実施されている。

表6-1　韓国の道徳教育体系

校種	初等学校	中学校							高等学校		
学年	1　　　2	3	4	5	6	7	8	9	10　11　12		
関連教科名称	正しい生活　教科群「社会／道徳」として年間128時間	道徳 3～6年は社会と合わせて2年間で272時間、7～9年は「社会／道徳」として3年間で510時間							生活と倫理、倫理と思想 3年間で教科群から15単位を選択必修		
教育課程	必修教科	6年までは1時間＝40分、 7～9年は45分で年間34週で計画							1単位は50分で17回		

②　中国の道徳教育

　中国の学校制度は省や自治区、直轄市等で若干異なるが、基本的には6-3制の義務教育で、宗教教育は法律で禁止されている。2002年に国の教育部が定めた「課程計画」で道徳は教科として位置付けられ、小学校1・2年生が「品徳と生活」、3～6年生が「品徳と社会」、7～9年生が「思想品徳」、高校に相当する高級中学10～12年生が「思想政治」となって「課程標準」で目標・内容や時数等が定められている。指導にあたるのは小学校では学級担任、中学校以降は専任教員である。評価は数値によって行う他、行動や性格評価も道徳性や公民的資質の観点からも実施されている。道徳性や公民的資質の評価は、文章による記述評価と等級による段階評価である。また、教科書は国家教育部において審査され、その審査基準を経たものが採択される。

　中国の道徳教育は、「徳・知・体の前面発達」を掲げる中華人民共和国憲法と教育法によって規定されている。基本的には社会主義に根ざす思想政治教育であり、子供の精神・実践能力創造に重点を置いた素質教育（国家主導による

個人能力、素質に応じた教育）が中心である。

表6-2 中国の道徳教育体系

校種 学年	小学校 1 ～ 6	初等中学（中学校） 7　　8　　9	高級中学（高等学校） 10　　11　　12
道徳 関連 教科	品徳と生活（1・2年） 品徳と社会（3～6年） 週2時間	思想品徳（7～9年） 週2時間（7年） 週3時間（8年） 週2～3時間（9年）	思想政治　週2時間

③　シンガポールの道徳教育

　シンガポールは1965年の完全独立以来、僅かな期間に目覚ましい経済発展を遂げた成長著しい国家である。淡路島程度の無資源国土に華人系、マレー系、インド系と様々な民族が言語、宗教の違いを超えて国家を構成しているため、今日の繁栄を得るための道のりは決して平坦ではなかった。その新国家建設においては、各民族のアイデンティティー（identity：自己同一性）を尊重しながら、「シンガポール人らしさ」という人為的、観念的な国民性の創出、教導の必要性から教育の重要性に早くから着目して政策に掲げてきた。

表6-3　シンガポールの道徳教育体系

校種 学年	小学校						中学校（4～5年）					高校：ジュニアカレッジ（2年） 中央学院（3年）		
	1　2　3　4　5　6						7　8　9　10				11	11　12　13　14		
道徳 関連 教科	公民・道徳 （民族母語別実施） 1～3年週2時間 4～6年週3時間						公民・道徳 週2時間					公民 1モジュールを 30時間で実施		
教材 実施 形態	言語別国定教科書 学級担任が指導 数値での評価あり 宗教教育は実施されない						指導は専任教員 言語別国定教科書 数値で評価実施 宗教教育不実施					指導は専任教員 民族別国定教科書 数値評価あり 宗教教育は不実施		

　シンガポール教育省では、国家生き残りのための価値教育プログラムが重要な鍵であるとの認識から、完全独立前の1959年から「倫理科」を小・中学校の教科として導入した。1965年にマレーシアから独立後は、英語と民族母語の言語別シラバス（わが国の学習指導要領に相当）を開始し、すべての小・中学校で国旗掲揚、国歌と国民誓詞の斉唱を義務付けて国家意識の高揚を啓発した。さらに、1967からは倫理科に替えて小・中学校は「公民・道徳（CME = Civic and Moral Education）」、高等学校は「公民（Civic）」を必修科目として導入した。小学校では礼儀正しさ、正直、忍耐、親切といった徳目に愛国心、忠誠心、市民意識といった徳目が追加され、中学校では個人、家族、コミュニティ、国家、世界の領域内容が設定されている。2014年度より、価値やコンピテンシーの学習や教科外活動（日本の特別活動に該当）を推進する「人格・市民性教育（Character and Citizenship Education）」を初等・中等全学年で順次実施している。

（2）ヨーロッパにおける道徳教育

①　イギリス（イングランド）の道徳教育

　イギリスの道徳教育は、日本で一般的に用いられているような「道徳教育」という用語の意味としてはほとんど用いられていない。その理由は、伝統的に宗教が人格形成に寄与してきたからである。言い換えれば、道徳という教科はイギリスの学校には存在せず、その代替として「宗教科」がある。宗教科は1学年から11学年まですべて必修で、礼拝等も含んでいる。また、市民育成のための「市民性（Citizenship：人格・社会性・健康・経済教育）」と PSHE（Personal, Social, Health and Economic Education）がナショナル・カリキュラムによって教科・領域として規定されている。

　1～6年生までは PSHE を初等学校（小学校）では学級担任が、前期中等学校（中学校）では専任教員か学年担任が学校裁量の時間として特設して指導する。評価は、文章による記述評価がスクール・レポートという形で学期末になされている。7年から11学年までは、市民性の時間として設定されている。教科書は PSHE も含め、民間出版社から複数発行されている。評価は校内だけでなく、中等教育修了資格試験（GCSE）で受けることも認められている。な

お、市民性は6学年までは全教育活動を通じて実施されている。

②　フランスの道徳教育

　2002年、フランスでは小学校と中学校（コレージュ）の学習指導要領（programme）が改訂されて以降、言語教育に力点が注がれている。フランスでは、伝統的に知識教授が学校の中心役割であるという考え方があり、知育は学校で、徳育は家庭と教会でという厳格な区分も健在である。その点では課程主義の考え方が根強く、本人に学力を担保するという立場から落第制度も維持されてきた。ただ、近年では子供の内面に与える影響を懸念する声も大きくなって、その保守的な教育理念も揺らぎつつある。

　道徳教育という視点からフランスの公教育を検討するなら、そこには共和国憲法に掲げられた非宗教性の原則が貫かれている。その点から宗教教育として道徳教育を実施することはないが、それに替わるものとして1986年から独立した社会科系の必修教科・科目として設立された「公民教育（市民性教育）」がその役割を担っている。小学校は「公民・道徳」、中等教育は「公民」が、さらに教科とは別に学校教育全体で行う「市民性教育」が全学校で実施されている。時間数は、3〜5学年までが歴史・地理と合わせて年間78時間、6〜10学年が歴史・地理と合わせて週3〜3.5時間となっており、専任教員によって指導される。評価も他の社会科科目同様に数値により実施する。教科書は複数出版社から発行されている。

③　ドイツの道徳教育

　ドイツの教育制度の特色は、複線型学校制度と各週の独立性にある。よって、州毎に道徳教育にあたるものが異なっている。多くの場合、日本の小学校にあたる基礎学校（4年制）を修了すると、子供達は基幹学校（原則5年制、6年目もある）、実科学校（6年制）、ギムナジウム（9年制）と個々の適正に応じて進路選択する。もちろん進路変更は認められているが、伝統的な学校教育制度と職業教育制度が対になっている教育制度は頑なである。

　ドイツにおける道徳教育は、かつては地域の教会や学校の宗教の授業で担われてきた。現在では、キリスト教と民主主義を基本理念とする基本法（連邦憲法に相当する）に、全ての公立学校における「宗教教育」は正規の教科として

位置付けられている。ほとんどの州で原則的に「宗教」の時間は必修となっている。具体的な指導については、キリスト教的伝統に導き入れることや、キリスト教の教義に則った題材を通じて人生の意味や価値規範を教化することを目標としている。宗教の時間は各信仰宗教によって子供がコース選択できるような配慮がなされている。しかし、近年の外国移民の増加や若年層の宗教離れを背景に、宗教の時間に替えて世界観教授や価値教授を扱う「倫理」も選択肢として設定されている。基礎学校、基幹学校、実科学校、ギムナジウムいずれにおいても、「宗教」もしくは「倫理」が週2時間設定されている。

　なお、各州と同格に権限が与えられているベルリン市においては、子供の6割が宗教の時間、世界観教授や価値教授に全く参加しないという異常事態が2000年代に入って特に顕著となり、2006年度より宗教の時間に替えて「倫理」を必修教科として導入した。ただ、これに対しては宗教教育が学校から排除されるのではという懸念、子供の選択履修機会の排除等の立場から批判が寄せられる状況にある。

（3）アメリカにおける道徳教育

　アメリカにおいては、わが国のような国家が定めた教科としての「道徳」は存在しない。また、学習指導要領といった国家スタンダードカリキュラムも存在しないので、教科もしくは教科外での道徳教育実施に関わる裁量等は各州に一任されている。さらに、合衆国憲法では公教育で宗教教育を行うことが禁止されているため、道徳教育の代替機能を果たす宗教教育も実施されていない。

　各州における道徳教育はどのような位置付けでなされる場合が多いかというと、アメリカ国民としての「責任」と「権利」について教える「公民教育」（Civic Education）がその実質的機能を担っている。しかし、州によって位置付けられている道徳的要素（尊敬、責任、信頼、公正、思いやり等）、例えば躾や基本的生活習慣の確立といった部分にまで至る認知的側面、情緒的側面、行動的側面からの人格形成のための人格教育（Character Education）は、各州が策定する目標や内容に従って実施されている実情がある。多くの州は、中学校から道徳的な教科（「哲学」、「倫理」、「価値と規範」、「生活形成・倫理・宗教」等の

名称）で週1ないし2時間程度を実施するケースが多い。その様な場合は専任教師が各州の検定基準を満たした教科書で指導し、数値（等級）による評価もなされる場合が多い。

　公民教育や人格形成教育を主眼としたアメリカの道徳教育アプローチにおいては、歴史的に見ると三大潮流が形成されてきた。わが国の道徳教育方法論にも大きな影響を及ぼしてきた各理論の概略は、おおよそ以下の通りである。

a．人格教育（character education）＊インカルケーション

　教化すべき価値や徳目を明示し、それを子供に感得・実践させようと働きかける教育である。1920年代まで盛んに行われていたが一時衰退した。しかし、近年はその様相を一変した新人格教育（New Character Education）として再度脚光を浴びている。この人格教育の問題点は、教化すべき徳目の定義に関する見解の相違（価値相対性）である。例えば、「高潔さ」は一面「頑固さ」であり、「正直」は、「場の配慮を欠く鈍感さ」とも解せるようなことである。

b．価値の明確化（Values　Clarification）

　子供に対し、予め想定した価値ないしは徳目を教化するのではなく、個々に必要とされる価値を見出し、獲得するための支援を行う教育アプローチである。

　よって、教師が価値を教えるのではなく、子供が自分の価値観を明確にできるよう手助けするという教育的関係で、助けるという手法。道徳的価値相対主義に立つ。問題点は、それぞれの立場によって価値は相対的なものであり、万人に共有される絶対的な価値は成立し得ないという見解の逆説的な注入的立場となってしまう点にある。

c．認知発達論的アプローチ（Cognitive Developmental Approach）

　道徳的ジレンマを討論することで、道徳的認知発達の段階上昇を目指すというアプローチである。このアプローチはピアジェ、コールバーグ等の認知発達論に依拠しているが、子供とファシリテーター役である教師との対等な関係、討論する集団内の平等かつ親和的な関係という道徳的雰囲気が不可欠であるばかりでなく、誰しも同じような道徳性発達の道筋を辿らなければならないのかといった誤謬も生じさせている。また、道徳的判断力のみに偏しているため、情意的側面や行動的側面での育みへとつながらないといった問題点も指摘され

ている。

3　道徳科が克服すべき今後の課題を考えよう

（1）現代の学校が内包する諸問題

　わが国における昨今の教育諸問題というとすぐに思い浮かぶのが、いじめ、不登校・引きこもり、暴力行為、怠学等の生徒指導に関わる内容である。各学校へのスクールカウンセラーの配置や教員加配も含めた「チーム学校」という組織指導構想に着手しつつも、容易には解決しない現状の中で学校はまさに疲弊の只中にある。

　特に、いじめ問題は近年ますます深刻化の様相を呈し、自殺や傷害事件といった悲惨な報道が後を絶たない。また、多様な事由を抱える不登校の中でも、日常的な社会生活が一定期間断絶された状態にある「引きこもり」による不登校児童生徒の増加が現代の子供達の心の闇を浮き掘りにしている。さらに、小・中学生による対教師暴力や器物損壊、凶悪犯罪といった問題行動への加担等、ますます子供の心の世界の把握が困難になっている現実をどのように受け止めればよいのであろうか。

　生徒指導の問題が深刻化する現象を踏まえ、子供達の心の悩みに専門的立場から援助を行うために学校現場へスクールカウンセラーを派遣したり、児童虐待やネグレクト（neglect：養育放棄）等から人権保護の立場からスクール・ソーシャルワーカーを介入させたりすることが日常的なこととなってきた。しかし、子供達の心に忍び寄る閉塞感の根底には、あまりにもあたり前すぎる「学校神話」への疑念も潜んでいると考えられはしないだろうか。

　ここでいう「学校神話」とは、子供がなぜ学校に行かなければならないかという根源的な問題である。学校がなければ、学校における生徒指導上の諸問題は霧散する。そして、内面に問題を抱えた当事者である子供自身の出口のない苦悩も解消される。当然、問題を抱えた子供とそれに配慮する周囲の大人達の心労も大いに軽減されよう。ややもすると、一部の大人は安易に「問題児」というレッテルを貼ったり、ラベリングしたりして、その責任を本人に転嫁しが

ちであるが、それは大きな誤りである。その子自身の問題行動と映るその言動で、いちばん困っているのは本人自身に違いない。自らの力で解決できない問題を抱えて苦悩するからこそ、問題行動となって表出するのである。言わば、「問題児」と称される子供達こそ、生徒指導上の恩恵を十分に受けきれていない被害者なのである。

　今日の学校が抱える様々な諸問題に対し、真っ正面から制度そのものの意味を問うたのがオーストリアの哲学者で文明批評家でもあるイヴァン・イリッチ（Ivan Illich, 1926〜2002年）である。イリッチは、著書『脱学校の社会』（1971年）において、制度として学校教育が社会に位置付けられると「学校化（schooled）」という現象が起こることを指摘している。「なぜ学校を廃止しなければならないか」というエキセントリックなタイトルの第1章で、イリッチは、「学校化されると、生徒は教授されることと学習することとを混同するようになり、同じように、進級することはそれだけ教育を受けたこと、免状をもらえばそれだけ能力があること、よどみなく話せれば何か新しいことを言う能力があることだと取り違えるようなる」[1]と指摘している。

　つまり、本来は自分の主体的な欲求として位置付けられるはずの「学び」の価値が学校制度化よって疎外され、何を学んだかではなく、どんな学校に通い、どこの学校を卒業したかということに関心が寄せられる価値の制度化という本来的な意味のすり替えを指摘するのである。イリッチは学校制度のみを批判の標的にしたわけではなく、医療制度や福祉制度も同様の弊害に陥っていると指摘しているのである。制度による近代化は、様々な利益を社会にもたらす反面、本来の姿を変貌させて人々を疎外するというイリッチの指摘をわが国の教育諸課題にあてはめてみると、大いに合致する点が思い浮かぶ。例えば、学校内におけるいじめや暴力行為、不登校が顕在化したのは、過度に受験競争等が過熱した1970年代後半から80年代であることからも頷けよう。

　現代社会が創り出した学校神話の無意味さをいちばん敏感に感じ取っているのは、当事者である子供達であるに違いない。これも衝撃的なタイトルで話題となった『学びから逃走する子どもたち』[2]で著者の佐藤学（2000年）は、学びの時代と称される21世紀に向けて学ぶ子供の「ニヒリズム」[3]を要因として

指摘する。「何を学んでも無駄」、「何を学んでも人生や社会はかわらない」、「学びの意味が分からない」等々、子供達の心の叫びを指摘する。

　今日の学校において、心の教育の一翼を担う道徳教育はこのような子供達にどう働きかけていけばよいのであろうか。それとも、国際化社会の只中で生きるためのますます高い資質・能力を求められる今日、このような問題行動に対して全く無力なのであろうか。学校における教授機能と対をなす訓育的な教育機能である道徳教育の役割や位置付け、それらを再度真剣に検討する段階に来ているとも考えられよう。もちろん、その前提として、学校が地域社会で果たす役割や教育可能性についての吟味・検証手続きが求められることとなる。特にその中でも、保護者や地域住民の学校観や学力観に対する合意形成が不可欠な要件となってくることは言うまでもない。

　今日の学校教育は、平成元（1989）年学習指導要領改訂時からの新学力観に基づく基礎力の確実な定着やトータルな資質・能力の育成を目指した「ゆとりと充実」、「生きる力の育成」という基本方針から、平成15（2003）年の学習指導要領一部改訂を経て徐々に知育偏重へとその路線を方向転換してきた。その牽引力となったのは、科学的根拠に乏しい学力低下論、さらにはOECD（経済協力開発機構）の15歳児を対象に3年サイクルで読解力、数学的リテラシー、科学的リテラシーの3分野の学習到達度問題を実施する「国際的な生徒の学習到達度調査（PISA）」、国際教育到達度評価学会（IEA）が小学校4年生と中学校2年生を対象に算数・数学、理科の学習到達度を国際尺度によって評価する「国際数学・理科教育動向調査（TIMSS）」結果への過剰ともいえる世論の後押しであった。ただ、この議論においていつも抜け落ちるのが、教育条件整備の問題である。学級・学校規模、教員定数等々、学校教育をサポートする外的事項を担う行政機関の機能である。限られた教育環境の中で学校という車の両輪となる教授機能と訓育機能のいずれか一方が欠けても、諸問題山積の教育は容易く改善されないのである。

　日本の学校における教育条件整備は、遅々として改善されてはいない。事実、経済協力開発機構（OECD）統計では教育機関に支出される公的支出の割合が国内総生産（GDP）比で3％台を低迷し、加盟国中いつも下位の位置にある。

これらの教育条件整備の現状と学校教育が抱える諸課題が表裏の関係にある点も、道徳教育充実を具体化する方略と深く関わっていることも併せて検討していかなければならないであろう。

（2）道徳教育と市民性教育

　近年、わが国の学校教育でも大きな関心時として改革が模索されている教育活動に市民性教育もしくはシティズンシップ教育（citizenship）といった名称の取組みがある。「公共」についての開かれた個人を育成することを目的としたこれらの教育活動は、科目や教科名こそ違っていても、欧米では以前から積極的に取り組まれている。市民性教育と総称されるこの教育活動は、学校や社会秩序の弛緩が社会問題化した1990年代から各国で特に注目されるようになってきた。青少年の犯罪や非行、いじめ、不登校、暴力行為、学業からのドロップアウト、ニート（NEET=Not in Employment、Education or Training：学校にも行かず、就職やそのための準備もしない層）の増大、社会的な無関心、偏見・差別による社会的放置・孤立等々の諸課題克服への期待が、この市民性教育に寄せられているのである。選挙年齢引き下げとなったわが国においては社会状況の推移を踏まえつつ、社会参画に必要な資質・能力を育てることを意図した科目「公共」が高等学校教育課程へ創設される方向である。

　個人が社会との関わりや社会での居場所を見つけにくくなってきている現状を改善するための取組みとして、社会的アイデンティティーを形成していくことにこの教育の主眼がある。例えば、欧州評議会が採択した「民主主義的シティズンシップ教育と人権教育に関する欧州評議会憲章」（2010年5月）には、「民主主義や法の支配の促進と擁護の下、学習者に知識・スキル・理解を身に付けさせ、態度や行動を育むことによって、社会の中で自分たちがもつ民主的な権利や責任を行使し、擁護することを目指して多様性を尊重し、民主主義的生活の中で積極的な役割を果たせるよう権限委譲しようとする教育、啓発、情報提供、実践する活動」と定義されている。

　具体的な教育活動目標を挙げるなら、以下のようにまとめられよう。

　　①国家の理念や制度の理解をすることで他者の尊重や差別排除の認識力を

育成する。

②個人としての理解力や判断力を身に付け、行使できる資質を育成する。

③個人が社会における倫理や法律を遵守する自覚や責任感を育成する。

これら市民性教育で培う資質・能力は、広い意味で人格形成に寄与する道徳教育である。そして、基本的人権の尊重と擁護のための具体的な実践を伴う取組みでもある。よって、自己肯定感や責任感の育成、自立心や自己の確立、他者受容への配慮、畏敬心の育成等の目的概念から派生するその取組みは、イギリスの中等学校に導入されている特設科目「シティズンシップ」のように、市民性教育、経済教育、キャリア教育、環境教育、健康教育といった広範な内容をも包含する。その点で、ややもすると狭義な観念的理解に傾きがちであったわが国の道徳教育を他教育活動との関連で問い直す時、その先行モデルとして大いに参考となろう。

特に、道徳科授業との密接な関連性を保ちながら進める教育活動全体で取り組む道徳教育の今後を視座すると、わが国における市民性教育の導入方法やその進め方の検討がますます問われてくるであろう。

（3）道徳教育とキャリア教育

キャリア教育という概念がいち早く叫ばれたのは、1970年代初頭のアメリカにおいてである。一時期は衰退したものの、近年は今後ますます必須な教育として再度脚光を浴びている。

キャリア教育（career education）とは、子供一人一人が将来の自分と関係付けながら日常生活での学びと働くこととを自ら意味付けしていくための取組みである。言わば、一人一人の独自な生き方に基づく、人それぞれの価値観形成、勤労観形成、職業観形成を促進する取組みがキャリア教育ということになる。

そこで培うべき資質・能力については、中央教育審議会第2次審議経過報告「今後の学校におけるキャリア教育・職業教育の在り方について」（2010年5月）において、勤労への意欲や態度と関連する重要な要素として「なぜ仕事をするのか」、「自分の人生の中で仕事や職業をどのように位置付けるのか」といった「価値観」の育成について特に触れられている。そのような価値観形成の過程

では、社会的・職業的自立、学校から社会・職業への円滑な移行に共通して必要な能力の育成が求められている。例えば、「人間関係形成・社会形成能力」、「自己理解・自己管理能力」、「課題対応能力」、「キャリアプランニング能力」等の要素が望ましい勤労観、職業観形成が不可欠な資質・能力とされており、道徳教育においても重きをもって取り組むべき大きな課題である。

　また、ここでいう勤労観、職業観としての「望ましさ」とは、以下のように各側面から捉えることができよう。

【認知的側面】

- 職業に貴賤はないこと。
- 職業遂行には規範倫理の遵守や社会的責任が伴うこと。
- 職業には生計維持だけでなく、自己の適性や能力を発揮することで社会構成員としての役割を果たせること。

【情意的側面】

- 一人一人の存在がかけがえのない価値あるものと自覚すること。
- 他者と働く自己についての自覚と勤労・職業に対する誇りをもつこと。

【行動的側面】

- 将来の夢や希望の実現を目指して取り組もうとする意欲をもつこと。

　これらの資質・能力の育成を目指して、小学校では学習指導要領「特別の教科　道徳」や「特別活動」の目標に明記された「自己の生き方についての考えを深め」という文言の趣旨を踏まえ、働くことのよさや集団内での役割遂行の意義、みんなのために働くことの意味等に配慮しながら、双方の教育活動を関連付けながら発達段階を踏まえた指導を行っていくことが求められよう。

　同様に、中学校では「人間としての生き方」、高等学校では「人間としての在り方や生き方」が目標に掲げられ、道徳と学級活動の関連的な指導やホームルーム活動の「学業と進路」での「学ぶことと働くことの意義の理解」の内容を、これまで以上により具体的かつ実践的な指導として充実させていく必要があろう。

　近年、経済不況やモラトリアム（moratorium：社会進出をためらっている心理状態）等が影響して特定世代にフリーターやニートが多く発生している。この

世代層は失われた世代（lost generation）と称され、今後においても新学卒者採用優位の傾向をもつわが国労働市場において、定職を得ることに伴う困難は少なくない。そして、この年代がそのまま高齢化へと移行する可能性も否定できない。その時、社会に大きな歪みをもたらすことは必至である。なぜなら、この世代は経済的自立と関わって自らの将来設計が描きにくいために虚無的傾向をもつことが多く、社会参加へのためらいが少なくないからである。

　わが国の今後を視座する時、個々人の在り方や生き方を問うことで価値観形成を促進するキャリア教育の重要性はますます問われるであろう。その際、小学校段階からのキャリア教育と道徳教育がどう目的志向的な相互補完性を発揮し合えるのかが大きな課題となってこよう。

（1）I.D. イリッチ『脱学校の社会』東洋、小澤周三訳、1977年、東京創元社、p.13。
（2）佐藤学『学びから逃走する子どもたち』2000年、岩波ブックレット、NO.524、pp.22～24。

第6章の参考文献

（1）J.Wilson『世界の道徳教育』押谷由夫、伴恒信訳、2002年、玉川大学出版部
（2）小玉重夫『シティズンシップの教育思想』2003年、白澤社
（3）国立教育政策研究所『道徳・特別活動カリキュラムの改善』に関する研究」～諸外国の動向（2）～」2004年、同研究所研究成果報告書
（4）二宮皓編『世界の学校』2006年、学事出版
（5）武藤孝典・新井浅浩編『ヨーロッパの学校における市民的社会性教育の発展』2007年、東信堂
（6）林泰成『新訂　道徳教育論』2009年、放送大学教育振興会
（7）森田洋司『いじめとは何か』2010年、中央公論新社
（8）押谷由夫『道徳性形成・徳育論』2011年、放送大学教育振興会
（9）押谷由夫・内藤俊史編『道徳教育への招待』2012年、ミネルヴァ書房
（10）文部科学省『諸外国の教育動向2008年度版』2014年、明石書店
（11）押谷由夫・柳沼良太編『道徳の時代がきた』2013年、教育出版
（12）文部科学省「諸外国における道徳教育の動向」道徳教育の充実に関する懇談会、第8回配布資料、2013年10月
（13）押谷由夫・柳沼良太編『道徳の時代をつくる』2014年、教育出版
（14）柳沼良太『実効性のある道徳教育』2015年、教育出版
（15）那　楽「中国の小学校低学年における道徳教育の変容」日本道徳教育学会機関誌『道徳と教育』第333号、2015年、pp.17～30参照

あとがき

　戦後10年余の道徳授業空白時代を経てようやく「道徳の時間」が特設され、それから半世紀。そして、幾度も教科化が叫ばれながらもビクリともしなかった道徳科の重い扉は満を持して門戸を開き、新たな道徳教育時代の幕を開けた。まさに、制度としての「特別の教科　道徳」は電光石火のごとく誕生した。しかし、それを日々の教室で具体的に実践していくための環境整備はどうかと問われれば、それは甚だ心許ないというのが正直な実感である。

　本書では「道徳力」をキーワードに、その育みの視点、目標、内容、方法、評価等についてに学校現場で道徳科実践に携わっておられる現職教師の方々、これから教壇に立つことを志している熱き教職志望学生を対象にして論じてきた。なぜならば、社会にとって有為な人材を育成し、個の健全な人格形成を促す時に多大な影響力をもつのが教師だからである。

　子供達の道徳力＝人間力としての道徳性を語る時、そのバックグラウンドとして「豊かな感性の養い」が問われる。教師は、人間としてよ（善）く生きるという根源部分である人間性に深く関わり、強い影響力を及ぼすのである。よって、人格形成の土台となる道徳力をどのように育むのかという問いの先には、いつの時代も教師の姿があるのである。健全な国家・社会の維持発展においても、教師力はやはり最重要である。なぜなら、その可否が個としての充実した人生を左右する力をもつからである。

　本書は日々教壇に立ち、子供達と向き合いながら道徳教育や道徳科授業の充実を真摯に追い求めておられる現職教師の方々、これから教壇に立つことを夢見て奮闘している教職志望学生諸氏の指針になればという一念で編纂したものである。従って、各章引用・参考文献は入手しやすいものに絞り込む等の配慮を心がけた。これらを手掛かりに学びを大いに拡げてほしいと願っている。最後に刊行機会を与えていただいた北樹出版編集部長の古屋幾子氏に感謝申し上げると共に、昨夏に身罷られた我が恩師、押谷慶昭先生の御霊に本書を捧げて結びとしたい。

平成28年如月　著　　　者

194

【 資 料 編 】

教育関係法規

① **小学校学習指導要領**（抜粋）

平成20年3月　告　　示
平成27年3月　一部改正

第1章　総　則
第1　教育課程編成の一般方針

1　各学校においては、教育基本法及び学校教育法その他の法令並びにこの章以下に示すところに従い、児童の人間として調和のとれた育成を目指し、地域や学校の実態及び児童の心身の発達の段階や特性を十分考慮して、適切な教育課程を編成するものとし、これらに掲げる目標を達成するよう教育を行うものとする。

　　学校の教育活動を進めるに当たっては、各学校において、児童に生きる力をはぐくむことを目指し、創意工夫を生かした特色ある教育活動を展開する中で、基礎的・基本的な知識及び技能を確実に習得させ、これらを活用して課題を解決するために必要な思考力、判断力、表現力その他の能力をはぐくむとともに、主体的に学習に取り組む態度を養い、個性を生かす教育の充実に努めなければならない。その際、児童の発達の段階を考慮して、児童の言語活動を充実するとともに、家庭との連携を図りながら、児童の学習習慣が確立するよう配慮しなければならない。

2　学校における道徳教育は、特別の教科である道徳（以下「道徳科」という。）を要として学校の教育活動全体を通じて行うものであり、道徳科はもとより、各教科、外国語活動、総合的な学習の時間及び特別活動のそれぞれの特質に応じて、児童の発達の段階を考慮して、適切な指導を行わなければならない。

　　道徳教育は、教育基本法及び学校教育法に定められた教育の根本精神に基づき、自己の生き方を考え、主体的な判断の下に行動し、自立した人間として他者と共によりよく生きるための基盤となる道徳性を養うことを目標とする。

　　道徳教育を進めるに当たっては、人間尊重の精神と生命に対する畏敬の念を家庭、学校、その他社会における具体的な生活の中に生かし、豊かな心をもち、伝統と文化を尊重し、それらを育んできた我が国と郷土を愛し、個性豊かな文化の創造を図るとともに、平和で民主的な国家及び社会の形成者として、公共の精神を尊び、社会及び国家の発展に努め、他国を尊重し、国際社会の平和と発展や環境の保全に貢献し未来を拓く主体性のある日本人の育成に資することとなるよう

特に留意しなければならない。

3　学校における体育・健康に関する指導は、児童の発達の段階を考慮して、学校の教育活動全体を通じて適切に行うものとする。特に、学校における食育の推進並びに体力の向上に関する指導、安全に関する指導及び心身の健康の保持増進に関する指導については、体育科の時間はもとより、家庭科、特別活動などにおいてもそれぞれの特質に応じて適切に行うよう努めることとする。また、それらの指導を通して、家庭や地域社会との連携を図りながら、日常生活において適切な体育・健康に関する活動の実践を促し、生涯を通じて健康・安全で活力ある生活を送るための基礎が培われるよう配慮しなければならない。

第3章　特別の教科　道徳

第1　目　標

　第1章総則の第1の2に示す道徳教育の目標に基づき、よりよく生きるための基盤となる道徳性を養うため、道徳的諸価値についての理解を基に、自己を見つめ、物事を多面的・多角的に考え、自己の生き方についての考えを深める学習を通して、道徳的な判断力、心情、実践意欲と態度を育てる。

第2　内　容

　学校の教育活動全体を通じて行う道徳教育の要である道徳科においては、以下に示す項目について扱う。

　A　主として自分自身に関すること

　［善悪の判断、自律、自由と責任］

〔第1学年及び第2学年〕

　よいことと悪いこととの区別をし、よいと思うことを進んで行うこと。

〔第3学年及び第4学年〕

　正しいと判断したことは、自信をもって行うこと。

〔第5学年及び第6学年〕

　自由を大切にし、自律的に判断し、責任のある行動をすること。

　［正直、誠実］

〔第1学年及び第2学年〕

　うそをついたりごまかしをしたりしないで、素直に伸び伸びと生活すること。

〔第3学年及び第4学年〕

　過ちは素直に改め、正直に明るい心で生活すること。

〔第5学年及び第6学年〕

　誠実に、明るい心で生活すること。

　［節度、節制］

〔第1学年及び第2学年〕

　健康や安全に気を付け、物や金銭を大切にし、身の回りを整え、わがままをしないで、規則正しい生活をすること。

〔第3学年及び第4学年〕

　自分でできることは自分でやり、安全に気を付け、よく考えて行動し、節度のある生活をすること。

〔第5学年及び第6学年〕

　安全に気を付けることや、生活習慣の大切さについて理解し、自分の生活を見直し、節度を守り節制に心掛けること。

　［個性の伸長］

〔第1学年及び第2学年〕

　自分の特徴に気付くこと。

〔第3学年及び第4学年〕

　自分の特徴に気付き、長所を伸ばすこと。

〔第5学年及び第6学年〕

　自分の特徴を知って、短所を改め長所を伸ばすこと。

　［希望と勇気、努力と強い意志］

〔第1学年及び第2学年〕

　自分のやるべき勉強や仕事をしっかりと行うこと。

〔第3学年及び第4学年〕

　自分でやろうと決めた目標に向かって、強い意志をもち、粘り強くやり抜くこと。

〔第5学年及び第6学年〕

　より高い目標を立て、希望と勇気をもち、困難があってもくじけずに努力して物事をやり抜くこと。

　［真理の探究］

〔第5学年及び第6学年〕

　真理を大切にし、物事を探究しようとする心をもつこと。

　B　主として人との関わりに関すること

　［親切、思いやり］

〔第1学年及び第2学年〕

　身近にいる人に温かい心で接し、親切にすること。

〔第3学年及び第4学年〕

　相手のことを思いやり、進んで親切にすること。

〔第5学年及び第6学年〕

　誰に対しても思いやりの心をもち、相手の立場に立って親切にすること。

　［感謝］

〔第1学年及び第2学年〕

　家族など日頃世話になっている人々に感謝すること。

〔第3学年及び第4学年〕

　家族など生活を支えてくれている人々や現在の生活を築いてくれた高齢者に、尊敬と感謝の気持ちをもって接すること。

〔第5学年及び第6学年〕

　日々の生活が家族や過去からの多くの人々の支え合いや助け合いで成り立っていることに感謝し、それに応えること。

　［礼儀］

〔第1学年及び第2学年〕

　気持ちのよい挨拶、言葉遣い、動作などに心掛けて、明るく接すること。

〔第3学年及び第4学年〕

　礼儀の大切さを知り、誰に対しても真心をもって接すること。

〔第5学年及び第6学年〕

　時と場をわきまえて、礼儀正しく真心をもって接すること。

　［友情、信頼］

〔第1学年及び第2学年〕

　友達と仲よくし、助け合うこと。

〔第3学年及び第4学年〕

　友達と互いに理解し、信頼し、助け合うこと。

〔第5学年及び第6学年〕

　友達と互いに信頼し、学び合って友情を深め、異性についても理解しながら、人間関係を築いていくこと。

　［相互理解、寛容］

〔第3学年及び第4学年〕

　自分の考えや意見を相手に伝えるとともに、相手のことを理解し、自分と異なる意見も大切にすること。

〔第5学年及び第6学年〕

　自分の考えや意見を相手に伝えるとともに、謙虚な心をもち、広い心で自分と異

なる意見や立場を尊重すること。

　C　主として集団や社会との関わりに関すること

　［規則の尊重］

〔第1学年及び第2学年〕

　約束やきまりを守り、みんなが使う物を大切にすること。

〔第3学年及び第4学年〕

　約束や社会のきまりの意義を理解し、それらを守ること。

〔第5学年及び第6学年〕

　法やきまりの意義を理解した上で進んでそれらを守り、自他の権利を大切にし、義務を果たすこと。

　［公正、公平、社会正義］

〔第1学年及び第2学年〕

　自分の好き嫌いにとらわれないで接すること。

〔第3学年及び第4学年〕

　誰に対しても分け隔てをせず、公正、公平な態度で接すること。

〔第5学年及び第6学年〕

　誰に対しても差別をすることや偏見をもつことなく、公正、公平な態度で接し、正義の実現に努めること。

　［勤労、公共の精神］

〔第1学年及び第2学年〕

　働くことのよさを知り、みんなのために働くこと。

〔第3学年及び第4学年〕

　働くことの大切さを知り、進んでみんなのために働くこと。

〔第5学年及び第6学年〕

　働くことや社会に奉仕することの充実感を味わうとともに、その意義を理解し、公共のために役に立つことをすること。

　［家族愛、家庭生活の充実］

〔第1学年及び第2学年〕

　父母、祖父母を敬愛し、進んで家の手伝いなどをして、家族の役に立つこと。

〔第3学年及び第4学年〕

　父母、祖父母を敬愛し、家族みんなで協力し合って楽しい家庭をつくること。

〔第5学年及び第6学年〕

　父母、祖父母を敬愛し、家族の幸せを求めて、進んで役に立つことをすること。

　　［よりよい学校生活、集団生活の充実］

〔第1学年及び第2学年〕

　先生を敬愛し、学校の人々に親しんで、学級や学校の生活を楽しくすること。

〔第3学年及び第4学年〕

　先生や学校の人々を敬愛し、みんなで協力し合って楽しい学級や学校をつくること。

〔第5学年及び第6学年〕

　先生や学校の人々を敬愛し、みんなで協力し合ってよりよい学級や学校をつくるとともに、様々な集団の中での自分の役割を自覚して集団生活の充実に努めること。

　　［伝統と文化の尊重、国や郷土を愛する態度］

〔第1学年及び第2学年〕

　我が国や郷土の文化と生活に親しみ、愛着をもつこと。

〔第3学年及び第4学年〕

　我が国や郷土の伝統と文化を大切にし、国や郷土を愛する心をもつこと。

〔第5学年及び第6学年〕

　我が国や郷土の伝統と文化を大切にし、先人の努力を知り、国や郷土を愛する心をもつこと。

　　［国際理解、国際親善］

〔第1学年及び第2学年〕

　他国の人々や文化に親しむこと。

〔第3学年及び第4学年〕

　他国の人々や文化に親しみ、関心をもつこと。

〔第5学年及び第6学年〕

　他国の人々や文化について理解し、日本人としての自覚をもって国際親善に努めること。

　　D　主として生命や自然、崇高なものとの関わりに関すること

　　［生命の尊さ］

〔第1学年及び第2学年〕

　生きることのすばらしさを知り、生命を大切にすること。

〔第3学年及び第4学年〕

　生命の尊さを知り、生命あるものを大切にすること。

〔第5学年及び第6学年〕

　生命が多くの生命のつながりの中にあるかけがえのないものであることを理解

し、生命を尊重すること。

　［自然愛護］

〔第1学年及び第2学年〕

　身近な自然に親しみ、動植物に優しい心で接すること。

〔第3学年及び第4学年〕

　自然のすばらしさや不思議さを感じ取り、自然や動植物を大切にすること。

〔第5学年及び第6学年〕

　自然の偉大さを知り、自然環境を大切にすること。

　［感動、畏敬の念］

〔第1学年及び第2学年〕

　美しいものに触れ、すがすがしい心をもつこと。

〔第3学年及び第4学年〕

　美しいものや気高いものに感動する心をもつこと。

〔第5学年及び第6学年〕

　美しいものや気高いものに感動する心や人間の力を超えたものに対する畏敬の念をもつこと。

　［よりよく生きる喜び］

〔第5学年及び第6学年〕

　よりよく生きようとする人間の強さや気高さを理解し、人間として生きる喜びを感じること。

第3　指導計画の作成と内容の取扱い

1　各学校においては、道徳教育の全体計画に基づき、各教科、外国語活動、総合的な学習の時間及び特別活動との関連を考慮しながら、道徳科の年間指導計画を作成するものとする。なお、作成に当たっては、第2に示す各学年段階の内容項目について、相当する各学年において全て取り上げることとする。その際、児童や学校の実態に応じ、2学年間を見通した重点的な指導や内容項目間の関連を密にした指導、一つの内容項目を複数の時間で扱う指導を取り入れるなどの工夫を行うものとする。

2　第2の内容の指導に当たっては、次の事項に配慮するものとする。

　（1）　校長や教頭などの参加、他の教師との協力的な指導などについて工夫し、道徳教育推進教師を中心とした指導体制を充実すること。

　（2）　道徳科が学校の教育活動全体を通じて行う道徳教育の要としての役割を果たすことができるよう、計画的・発展的な指導を行うこと。特に、各教科、外国

語活動、総合的な学習の時間及び特別活動における道徳教育としては取り扱う機会が十分でない内容項目に関わる指導を補うことや、児童や学校の実態等を踏まえて指導をより一層深めること、内容項目の相互の関連を捉え直したり発展させたりすることに留意すること。

（3）　児童が自ら道徳性を養う中で、自らを振り返って成長を実感したり、これからの課題や目標を見付けたりすることができるよう工夫すること。その際、道徳性を養うことの意義について、児童自らが考え、理解し、主体的に学習に取り組むことができるようにすること。

（4）　児童が多様な感じ方や考え方に接する中で、考えを深め、判断し、表現する力などを育むことができるよう、自分の考えを基に話し合ったり書いたりするなどの言語活動を充実すること。

（5）　児童の発達の段階や特性等を考慮し、指導のねらいに即して、問題解決的な学習、道徳的行為に関する体験的な学習等を適切に取り入れるなど、指導方法を工夫すること。その際、それらの活動を通じて学んだ内容の意義などについて考えることができるようにすること。また、特別活動等における多様な実践活動や体験活動も道徳科の授業に生かすようにすること。

（6）　児童の発達の段階や特性等を考慮し、第2に示す内容との関連を踏まえつつ、情報モラルに関する指導を充実すること。また、児童の発達の段階や特性等を考慮し、例えば、社会の持続可能な発展などの現代的な課題の取扱いにも留意し、身近な社会的課題を自分との関係において考え、それらの解決に寄与しようとする意欲や態度を育てるよう努めること。なお、多様な見方や考え方のできる事柄について、特定の見方や考え方に偏った指導を行うことのないようにすること。

（7）　道徳科の授業を公開したり、授業の実施や地域教材の開発や活用などに家庭や地域の人々、各分野の専門家等の積極的な参加や協力を得たりするなど、家庭や地域社会との共通理解を深め、相互の連携を図ること。

3　教材については、次の事項に留意するものとする。

（1）　児童の発達の段階や特性、地域の実情等を考慮し、多様な教材の活用に努めること。特に、生命の尊厳、自然、伝統と文化、先人の伝記、スポーツ、情報化への対応等の現代的な課題などを題材とし、児童が問題意識をもって多面的・多角的に考えたり、感動を覚えたりするような充実した教材の開発や活用を行うこと。

（2）　教材については、教育基本法や学校教育法その他の法令に従い、次の観点に

照らし適切と判断されるものであること。

　　ア　児童の発達の段階に即し、ねらいを達成するのにふさわしいものであること。

　　イ　人間尊重の精神にかなうものであって、悩みや葛藤等の心の揺れ、人間関係の理解等の課題も含め、児童が深く考えることができ、人間としてよりよく生きる喜びや勇気を与えられるものであること。

　　ウ　多様な見方や考え方のできる事柄を取り扱う場合には、特定の見方や考え方に偏った取扱いがなされていないものであること。

4　児童の学習状況や道徳性に係る成長の様子を継続的に把握し、指導に生かすよう努める必要がある。ただし、数値などによる評価は行わないものとする。

② **中学校学習指導要領**（抜粋）

平成20年3月　告　　　示
平成27年3月　一部改正

　　　　第1章　総　則

第1　教育課程編成の一般方針

1　各学校においては、教育基本法及び学校教育法その他の法令並びにこの章以下に示すところに従い、生徒の人間として調和のとれた育成を目指し、地域や学校の実態及び生徒の心身の発達の段階や特性等を十分考慮して、適切な教育課程を編成するものとし、これらに掲げる目標を達成するよう教育を行うものとする。

　　学校の教育活動を進めるに当たっては、各学校において、生徒に生きる力をはぐくむことを目指し、創意工夫を生かした特色ある教育活動を展開する中で、基礎的・基本的な知識及び技能を確実に習得させ、これらを活用して課題を解決するために必要な思考力、判断力、表現力その他の能力をはぐくむとともに、主体的に学習に取り組む態度を養い、個性を生かす教育の充実に努めなければならない。その際、生徒の発達の段階を考慮して、生徒の言語活動を充実するとともに、家庭との連携を図りながら、生徒の学習習慣が確立するよう配慮しなければならない。

2　学校における道徳教育は、特別の教科である道徳（以下「道徳科」という。）を要として学校の教育活動全体を通じて行うものであり、道徳科はもとより、各教科、総合的な学習の時間及び特別活動のそれぞれの特質に応じて、生徒の発達の段階を考慮して、適切な指導を行わなければならない。

　　道徳教育は、教育基本法及び学校教育法に定められた教育の根本精神に基づ

き、人間としての生き方を考え、主体的な判断の下に行動し、自立した人間として他者と共によりよく生きるための基盤となる道徳性を養うことを目標とする。

　　道徳教育を進めるに当たっては、人間尊重の精神と生命に対する畏敬の念を家庭、学校、その他社会における具体的な生活の中に生かし、豊かな心をもち、伝統と文化を尊重し、それらを育んできた我が国と郷土を愛し、個性豊かな文化の創造を図るとともに、平和で民主的な国家及び社会の形成者として、公共の精神を尊び、社会及び国家の発展に努め、他国を尊重し、国際社会の平和と発展や環境の保全に貢献し未来を拓く主体性のある日本人の育成に資することとなるよう特に留意しなければならない。

3　学校における体育・健康に関する指導は、生徒の発達の段階を考慮して、学校の教育活動全体を通じて適切に行うものとする。特に、学校における食育の推進並びに体力の向上に関する指導、安全に関する指導及び心身の健康の保持増進に関する指導については、保健体育科の時間はもとより、技術・家庭科、特別活動などにおいてもそれぞれの特質に応じて適切に行うよう努めることとする。また、それらの指導を通して、家庭や地域社会との連携を図りながら、日常生活において適切な体育・健康に関する活動の実践を促し、生涯を通じて健康・安全で活力ある生活を送るための基礎が培われるよう配慮しなければならない。

　　　　第3章　特別の教科道徳
第1　目　標
　　第1章総則の第1の2に示す道徳教育の目標に基づき、よりよく生きるための基盤となる道徳性を養うため、道徳的諸価値についての理解を基に、自己を見つめ、物事を広い視野から多面的・多角的に考え、人間としての生き方についての考えを深める学習を通して、道徳的な判断力、心情、実践意欲と態度を育てる。
第2　内　容
　　学校の教育活動全体を通じて行う道徳教育の要である道徳科においては、以下に示す項目について扱う。
　　A　主として自分自身に関すること
［自主、自律、自由と責任］
　　自律の精神を重んじ、自主的に考え、判断し、誠実に実行してその結果に責任をもつこと。
［節度、節制］
　　望ましい生活習慣を身に付け、心身の健康の増進を図り、節度を守り節制に心掛

け、安全で調和のある生活をすること。

[向上心、個性の伸長]

　自己を見つめ、自己の向上を図るとともに、個性を伸ばして充実した生き方を追求すること。

[希望と勇気、克己と強い意志]

　より高い目標を設定し、その達成を目指し、希望と勇気をもち、困難や失敗を乗り越えて着実にやり遂げること。

[真理の探究、創造]

　真実を大切にし、真理を探究して新しいものを生み出そうと努めること。

　B　主として人との関わりに関すること

[思いやり、感謝]

　思いやりの心をもって人と接するとともに、家族などの支えや多くの人々の善意により日々の生活や現在の自分があることに感謝し、進んでそれに応え、人間愛の精神を深めること。

[礼儀]

　礼儀の意義を理解し、時と場に応じた適切な言動をとること。

[友情、信頼]

　友情の尊さを理解して心から信頼できる友達をもち、互いに励まし合い、高め合うとともに、異性についての理解を深め、悩みや葛藤も経験しながら人間関係を深めていくこと。

[相互理解、寛容]

　自分の考えや意見を相手に伝えるとともに、それぞれの個性や立場を尊重し、いろいろなものの見方や考え方があることを理解し、寛容の心をもって謙虚に他に学び、自らを高めていくこと。

　C　主として集団や社会との関わりに関すること

[遵法精神、公徳心]

　法やきまりの意義を理解し、それらを進んで守るとともに、そのよりよい在り方について考え、自他の権利を大切にし、義務を果たして、規律ある安定した社会の実現に努めること。

[公正、公平、社会正義]

　正義と公正さを重んじ、誰に対しても公平に接し、差別や偏見のない社会の実現に努めること。

[社会参画、公共の精神]

　社会参画の意識と社会連帯の自覚を高め、公共の精神をもってよりよい社会の実現に努めること。

［勤労］

　勤労の尊さや意義を理解し、将来の生き方について考えを深め、勤労を通じて社会に貢献すること。

［家族愛、家庭生活の充実］

　父母、祖父母を敬愛し、家族の一員としての自覚をもって充実した家庭生活を築くこと。

［よりよい学校生活、集団生活の充実］

　教師や学校の人々を敬愛し、学級や学校の一員としての自覚をもち、協力し合ってよりよい校風をつくるとともに、様々な集団の意義や集団の中での自分の役割と責任を自覚して集団生活の充実に努めること。

［郷土の伝統と文化の尊重、郷土を愛する態度］

　郷土の伝統と文化を大切にし、社会に尽くした先人や高齢者に尊敬の念を深め、地域社会の一員としての自覚をもって郷土を愛し、進んで郷土の発展に努めること。

［我が国の伝統と文化の尊重、国を愛する態度］

　優れた伝統の継承と新しい文化の創造に貢献するとともに、日本人としての自覚をもって国を愛し、国家及び社会の形成者として、その発展に努めること。

［国際理解、国際貢献］

　世界の中の日本人としての自覚をもち、他国を尊重し、国際的視野に立って、世界の平和と人類の発展に寄与すること。

　Ｄ　主として生命や自然、崇高なものとの関わりに関すること

［生命の尊さ］

　生命の尊さについて、その連続性や有限性なども含めて理解し、かけがえのない生命を尊重すること。

［自然愛護］

　自然の崇高さを知り、自然環境を大切にすることの意義を理解し、進んで自然の愛護に努めること。

［感動、畏敬の念］

　美しいものや気高いものに感動する心をもち、人間の力を超えたものに対する畏敬の念を深めること。

［よりよく生きる喜び］

　人間には自らの弱さや醜さを克服する強さや気高く生きようとする心があること

を理解し、人間として生きることに喜びを見いだすこと。

第3　指導計画の作成と内容の取扱い

1　各学校においては、道徳教育の全体計画に基づき、各教科、総合的な学習の時間及び特別活動との関連を考慮しながら、道徳科の年間指導計画を作成するものとする。なお、作成に当たっては、第2に示す内容項目について、各学年において全て取り上げることとする。その際、生徒や学校の実態に応じ、3学年間を見通した重点的な指導や内容項目間の関連を密にした指導、一つの内容項目を複数の時間で扱う指導を取り入れるなどの工夫を行うものとする。

2　第2の内容の指導に当たっては、次の事項に配慮するものとする。

（1）　学級担任の教師が行うことを原則とするが、校長や教頭などの参加、他の教師との協力的な指導などについて工夫し、道徳教育推進教師を中心とした指導体制を充実すること。

（2）　道徳科が学校の教育活動全体を通じて行う道徳教育の要としての役割を果たすことができるよう、計画的・発展的な指導を行うこと。特に、各教科、総合的な学習の時間及び特別活動における道徳教育としては取り扱う機会が十分でない内容項目に関わる指導を補うことや、生徒や学校の実態を踏まえて指導をより一層深めること、内容項目の相互の関連を捉え直したり発展させたりすることに留意すること。

（3）　生徒が自ら道徳性を養う中で、自らを振り返って成長を実感したり、これからの課題や目標を見付けたりすることができるよう工夫すること。その際、道徳性を養うことの意義について、生徒自らが考え、理解し、主体的に学習に取り組むことができるようにすること。また、発達の段階を考慮し、人間としての弱さを認めながら、それを乗り越えてよりよく生きようとすることのよさについて、教師が生徒と共に考える姿勢を大切にすること。

（4）　生徒が多様な感じ方や考え方に接する中で、考えを深め、判断し、表現する力などを育むことができるよう、自分の考えを基に討論したり書いたりするなどの言語活動を充実すること。その際、様々な価値観について多面的・多角的な視点から振り返って考える機会を設けるとともに、生徒が多様な見方や考え方に接しながら、更に新しい見方や考え方を生み出していくことができるよう留意すること。

（5）　生徒の発達の段階や特性等を考慮し、指導のねらいに即して、問題解決的な学習、道徳的行為に関する体験的な学習等を適切に取り入れるなど、指導方法を工夫すること。その際、それらの活動を通じて学んだ内容の意義などについ

て考えることができるようにすること。また、特別活動等における多様な実践活動や体験活動も道徳科の授業に生かすようにすること。

（6）　生徒の発達の段階や特性等を考慮し、第2に示す内容との関連を踏まえつつ、情報モラルに関する指導を充実すること。また、例えば、科学技術の発展と生命倫理との関係や社会の持続可能な発展などの現代的な課題の取扱いにも留意し、身近な社会的課題を自分との関係において考え、その解決に向けて取り組もうとする意欲や態度を育てるよう努めること。なお、多様な見方や考え方のできる事柄について、特定の見方や考え方に偏った指導を行うことのないようにすること。

（7）　道徳科の授業を公開したり、授業の実施や地域教材の開発や活用などに家庭や地域の人々、各分野の専門家等の積極的な参加や協力を得たりするなど、家庭や地域社会との共通理解を深め、相互の連携を図ること。

3　教材については、次の事項に留意するものとする。

（1）　生徒の発達の段階や特性、地域の実情等を考慮し、多様な教材の活用に努めること。特に、生命の尊厳、社会参画、自然、伝統と文化、先人の伝記、スポーツ、情報化への対応等の現代的な課題などを題材とし、生徒が問題意識をもって多面的・多角的に考えたり、感動を覚えたりするような充実した教材の開発や活用を行うこと。

（2）　教材については、教育基本法や学校教育法その他の法令に従い、次の観点に照らし適切と判断されるものであること。

　　ア　生徒の発達の段階に即し、ねらいを達成するのにふさわしいものであること。

　　イ　人間尊重の精神にかなうものであって、悩みや葛藤等の心の揺れ、人間関係の理解等の課題も含め、生徒が深く考えることができ、人間としてよりよく生きる喜びや勇気を与えられるものであること。

　　ウ　多様な見方や考え方のできる事柄を取り扱う場合には、特定の見方や考え方に偏った取扱いがなされていないものであること。

4　生徒の学習状況や道徳性に係る成長の様子を継続的に把握し、指導に生かすよう努める必要がある。ただし、数値などによる評価は行わないものとする。

索　引

【著者紹介】

田沼　茂紀（たぬま　しげき）

新潟県生まれ。
上越教育大学大学院学校教育研究科修了。
國學院大學人間開発学部初等教育学科教授。
専攻は道徳教育、教育カリキュラム論。
川崎市公立学校教諭を経て高知大学教育学部助教授、同学部教授・同学部附属教育実践総合センター長。2009年4月より現職。日本道徳教育学会理事、日本道徳教育方法学会理事、日本道徳教育学会神奈川支部長。
主な単著、『表現構想論で展開する道徳授業』1994年、『子どもの価値意識を育む』1999年、『再考－田島体験学校』2002年（いずれも川崎教育文化研究所刊）、『人間力を育む道徳教育の理論と方法』2011年、『豊かな学びを育む教育課程の理論と方法』2012年、『心の教育と特別活動』2013年（いずれも北樹出版刊）等多数。
その他の編著『やってみよう！新しい道徳授業』2014年（学研教育みらい刊）、『特別の教科道徳　授業＆評価完全ガイド』2016年（明治図書刊）、『小・中学校道徳科アクティブ・ラーニングの授業展開』2016年（東洋館出版社刊）等多数。

道徳科で育む21世紀型道徳力

2016年4月20日　初版第1刷発行
2019年9月10日　初版第2刷発行

著　者　　田　沼　茂　紀
発行者　　木　村　哲　也

定価はカバーに表示　　　　印刷　富士見印刷／製本　新里製本

発行所　　株式会社　北　樹　出　版

〒153-0061　東京都目黒区中目黒1-2-6
電話(03)3715-1525(代表)　FAX(03)5720-1488